EL PODER DE LAS LÁGRIMAS

Marianne Williamson

EL PODER
DE LAS
LÁGRIMAS

Un viaje espiritual
del sufrimiento a la iluminación

URANO
Argentina – Chile – Colombia – España
Estados Unidos – México – Perú – Uruguay – Venezuela

Título original: *Tears to Triumph – The Spiritual Journey from Suffering to Enlightenment*
Editor original: Harper One – An Imprint of HarperCollins*Publishers*, New York
Traducción: Núria Martí Pérez

1.ª edición Septiembre 2017

ISBN: 978-84-16720-02-6
E-ISBN: 978-84-16990-85-6
Depósito legal: B-16.257-2017

Fotocomposición: Ediciones Urano, S.A.U.

Impreso por: Rodesa, S.A. – Polígono Industrial San Miguel – Parcelas E7-E8
31132 Villatuerta (Navarra)

Impreso en España – *Printed in Spain*

En memoria de Richard

Índice

¡Que un día, superada la terrible intuición,
mi canto de júbilo y de gloria se eleve
hacia los ángeles!
Que ninguno de los límpidos martillos del corazón
falle al golpear las cuerdas.
Que mi rostro inundado de llanto
me torne más radiante: que la sencilla lágrima florezca.
¡Oh noches! Cuán amadas me seréis entonces,
¡noches de aflicción!
¿Cómo no me arrodillé más rendidamente allí,
inconsolables hermanos, para acogeros?
¿Por qué, en vuestra deshecha cabellera
no me deshice yo con mayor abandono?

EXTRACTO DE LA «DÉCIMA ELEGÍA»,
ELEGÍAS DE DUINO DE RAINER MARIA RILKE

Prólogo

A todos nos ha pasado alguna vez que el sufrimiento de la vida terrenal nos pareció insoportable. A algunas personas raras veces les ocurre y cuando les sucede el sufrimiento es relativamente moderado. Pero otras sufren atrozmente hasta tal punto que apenas pueden gozar en lo más mínimo de la vida. Se van hundiendo cada vez más en el pozo de sus propias lágrimas, en una oscuridad que no parece tener fin. Se preguntan de dónde viene todo ese sufrimiento. Y si alguna vez cesará.

Si tú, o un ser querido, estáis pasando por algo parecido — si sentís que incluso os cuesta imaginaros respirando una bocanada más, viviendo un día más—, me alegro de que estés leyendo este libro. Descubrirás algunas piezas del puzle que aún no has explorado. Un misterio. Quizás un milagro.

Esto no significa que no debas esforzarte ni que no tengas que trabajar por tu propio bien. Los milagros no son un parche ni una respuesta fácil. Pero activan un poder espiritual autorizado por Dios para ayudarte. Dios está aquí, aquí mismo, en medio de tu sufrimiento. Y, si le pides ayuda, Él te tenderá la mano.

Considera la posibilidad de que ahora puede ocurrir cualquier cosa. No te estoy pidiendo que te lo creas, solo que consideres que tal vez sea verdad. Solo con pensarlo ya pueden ocurrir los milagros, allana el camino para que tu mente pueda sanar más de lo que te imaginas. Abre la puerta al reino de las posibilidades infinitas, independientemente del problema que hayas tenido o del que estés teniendo.

El sufrimiento por el que estás pasando no es lo que determinará tu futuro, lo que lo determinará es quién eres *mientras sufres. No estoy poniendo en duda la intensidad de tu sufrimiento. En el mundo terrenal, el sufrimiento es, sin duda, real. Pero la realidad en la que estás atrapado no es lo que parece ser, ni tú tampoco eres quien sientes ser ahora. Si expandes la definición de quién eres, y de lo que el mundo es, tu vida empezará a cambiar. Tu parte humana tal vez esté viviendo ahora un infierno, pero a tu parte divina el sufrimiento no le afecta. Y tu parte divina es quien eres.*

Tu subconsciente sabe que eres esa realidad más amplia y se encargará de mostrártela cuando estés listo. Este proceso será uno de los viajes más maravillosos de tu vida, ya que verás lo que no habías visto y conocerás lo que no conocías. Tus lágrimas, tu desesperación, tu miedo, tu ira, tu sentimiento de culpa, tu resentimiento, tus remordimientos, tu terror... No ignorarás ni negarás nada de todo esto. Ni tampoco lo disiparás manteniéndolo enterrado en la oscuridad, sino sacándolo a la luz. Y cuando lo hagas verás más allá una magnificencia tan inaudita —en ti y en el mundo— que le darás las gracias a tu viaje de sufrimiento por haberte permitido descubrir quién eres y darle sentido a tu vida. La curación espiritual no consiste en negar tu sufrimiento, consiste en sentirlo plenamente y entregárselo a Dios.

Y entonces se dan los milagros...

Este libro es una reflexión espiritual sobre el sufrimiento humano, tanto en lo que se refiere a su causa como a la forma de trascenderlo. La espiritualidad no es una comprensión edulcorada, insustancial y psicológicamente cándida del mundo. Al contrario, representa el esclarecimiento más profundo sobre cómo la mente interpreta y filtra las experiencias. Reconoce la profundidad extraordinaria de nuestro anhelo más primordial —el anhelo de amor— y el sufrimiento tremendo que sentimos cuando no lo encontramos.

En nuestro mundo contemporáneo existe una epidemia de depresión y una multitud de opciones para tratarla. Al igual que hay remedios naturales para sanar el cuerpo, también hay remedios naturales para sanar la mente. Y al citar un «remedio natural» para la depresión no me estoy refiriendo al uso de plantas medicinales ni de productos homeopáticos, sino a aplicar el amor y el perdón en la vida cotidiana como una medicina para el alma.

Como sociedad, fomentamos la depresión con la trivialización del amor. Hemos vendido el alma por un plato de lentejas. La existencia humana no es un episodio fortuito cuyo único propósito es hacer realidad nuestros deseos. Visto así, si no tenemos en cuenta también el espíritu, nuestra vida parece ser de lo más intrascendente. Y el alma no puede vivir sin darle un sentido a la vida al igual que el cuerpo no puede vivir sin respirar. Al carecer de un marco espiritual, conocemos los mecanismos de la vida, pero no alcanzamos a entenderla. Y como no la entendemos, hacemos un mal uso de ella. Por lo que sufrimos y hacemos sufrir a los demás.

Cada gran filosofía religiosa y espiritual habla del tema del sufrimiento humano. Este libro solo toca por encima la profunda visión espiritual de las grandes enseñanzas religiosas y espirituales del mundo, pero espero que esclarezca una cuestión que los velos de los dogmas y las malinterpretaciones suelen ocultar.

Por ejemplo, el viaje espiritual del Buda empezó cuando presenció el sufrimiento por primera vez. A Moisés le conmovió el sufrimiento de los israelitas y Jesús sufrió en la cruz. El Buda no solo presenció el sufrimiento, también lo trascendió al alcanzar la iluminación. Los israelitas no solo estaban esclavizados, también fueron rescatados y conducidos a la Tierra Prometida. Jesús no solo fue crucificado, también resucitó. El sufrimiento humano solo fue la primera parte de la ecuación, lo primordial es lo que sucedió después de que Dios les tendiera *su* mano.

Nosotros también estamos sufriendo y presenciando el sufrimiento de nuestro entorno. Nosotros también estamos esclavizados por un faraón interior y muriendo en la cruz de la crueldad del mundo y de la falta de respeto. Tanto si ocurrió hace miles de años como si está ocurriendo en la actualidad, el sufrimiento es sufrimiento, la opresión es opresión, y la crueldad es crueldad. Estas realidades siguen existiendo, no han *desaparecido* de la faz de la tierra.

Y el poder de Dios para erradicarlas también sigue presente. El Espíritu iluminó al Buda, el Espíritu liberó a los israelitas y el Espíritu hizo que Jesús resucitara. Si sabemos que nuestro sufrimiento es como el suyo, tiene más sentido intentar comprender con más profundidad su liberación para reclamar con mayor facilidad la nuestra. Qué arrogantes somos, qué ciegos estamos al creer que nuestro sufrimiento es el mismo de siempre, pero que de algún modo ahora sabemos manejarlo mejor. ¿Alguno de nosotros piensa que el Buda podría haber trascendido el sufrimiento ganando más dinero, consiguiendo un trabajo más prestigioso o comprando un coche más lujoso? ¿O que los israelitas podrían haberse liberado de la esclavitud si hubieran hecho otra ronda de negociaciones con el faraón o si hubieran conseguido un avión privado que los llevara a la Tierra Prometida? ¿O que Jesús habría resucitado de entre los muertos si en aquellos tiempos hubiera existido la criopreservación?

A lo largo de los últimos siglos en la humanidad ha disminuido la incidencia de algunas formas de sufrimiento y ha aumentado la de otras. Ha disminuido la amenaza de la poliomielitis, pero ha aumentado la de un desastre nuclear. Hemos reducido los peligros de los viajes, pero ahora hay más posibilidades de que el ecosistema se altere. Y si creemos que ya no hay «violaciones ni pillaje» solo tenemos que echar un vistazo a lo que está ocurriendo en el mundo.

Actualmente, no existe una solución mundial para el sufrimiento o para la autodestrucción distinta a las ofrecidas por las religiones y las filosofías espirituales más importantes del mundo. Por esta razón, la mente-ego ha intentado apropiárselas para sus propios fines.

Ha transformado el poder de la paz en el poder de la espada, tanto en el mundo como en nuestro corazón.

En la actualidad la búsqueda de sustento espiritual no se encuentra en una enseñanza en especial. No hay unas religiones superiores a otras en lo que se refiere al budismo, el judaísmo, el cristianismo, el islamismo o el hinduismo. Todas son las caras caleidoscópicas de un mismo diamante esencial. Independientemente de si nos sentimos más identificados con la historia del Buda, de Moisés, de Jesús, de Mahoma o la de Krishna, al margen de si entendemos mejor la verdad si nos la explica Carl Jung, Joseph Campbell o *Un curso de milagros,* los temas esenciales, primordiales en todas estas enseñanzas, son universales. Se pueden aplicar a todo el mundo y, lo que es más significativo aún, a cualquier época.

Las grandes figuras religiosas y enseñanzas del mundo son regalos de Dios, una mano divina extendida para tocar la mente de quienes desean conocerlas. El ego se vale de los aspectos externos de esas enseñanzas para dividirnos —a veces incluso como una justificación para destruirnos unos a otros—, en cambio las verdades interiores nos unen al enseñarnos a convivir con los demás. En el aspecto interior, las religiones más importantes del mundo siempre nos han llevado a los milagros. Pero, en el aspecto exterior, nos han llevado a la violencia y a la destrucción. Esta situación debe cambiar, y cambiará, a medida que cada vez más personas reconozcan las verdades místicas, el oro interior que llevan dentro. La mayor oportunidad para que la humanidad sobreviva en el siglo veintiuno no se encuentra en ensanchar nuestros horizontes externos, sino en profundizar los internos. Lo cual se aplica tanto a nivel personal como colectivo.

Y hasta que no lo consigamos no dejaremos de estar tristes. Nuestro cuerpo, nuestras relaciones, nuestra carrera y nuestra política seguirán haciéndonos sufrir cuando deberían hacernos felices. El secreto para solucionarlo está en el corazón de las grandes enseñanzas espirituales. En cuanto demos con la llave y la giremos, al ver lo que se ocultaba tras las puertas cerradas y reunirnos con Dios nos quedaremos impactados. Todavía hay esperanza, lo que ocurre es que no la hemos estado viendo. Todavía tenemos poder, lo que ocurre es que no lo hemos reclamado. Todavía hay amor, lo que ocurre es que no lo hemos estado viviendo.

Al cobrar conciencia de todo esto nuestra vida empieza a cambiar. La mente despierta. Los milagros se dan. Y, por fin, nuestro corazón está contento.

1
La liberación del sufrimiento

Todos anhelamos encontrar la felicidad y el amor y a veces lo conseguimos. Sin embargo, en algún momento el sufrimiento se presenta en nuestra vida. Una relación, un trabajo, una circunstancia en particular nos trae la felicidad y de golpe la situación se estropea. En otras ocasiones no sabemos a ciencia cierta por qué, pero nos sentimos infelices y faltos de amor.

La vida no es siempre un camino de rosas y manejar con soltura un sufrimiento atroz cuesta lo indecible. Un tormento emocional, un dolor insoportable, un calvario físico, gritos desgarradores saliendo de lo más hondo de nuestra alma, ¿por qué el sufrimiento forma parte de la vida? ¿Qué significa su presencia? ¿Y cómo podemos sobrevivir a él e incluso trascenderlo?

Una visión espiritual del mundo no evita esta clase de preguntas, sino que las responde. A decir verdad, estas preguntas constituyen la esencia de las grandes enseñanzas religiosas, desde el primer encuentro del Buda con el sufrimiento al abandonar el palacio de su padre para vivir como un asceta, o el sufrimiento de los israelitas en el antiguo Egipto esclavizados por el faraón, hasta el padecimiento de Jesucristo en la cruz. Las verdades espirituales universales presentes en el corazón de las grandes enseñanzas religiosas son un bálsamo para el alma que recibimos de manera directa de la Mente de Dios.

Paradójicamente, las religiones organizadas ocultan estas verdades en lugar de revelárnoslas, por lo que nos privan del tremendo alivio e inspiración que nos aportan. Este libro aspira a sacarlas a la luz, ya que son mensajes encriptados que no solo nos indican el origen de nuestro sufrimiento sino cómo curarlo.

De hecho, Dios es especialista en curar el corazón. El Espíritu, al reordenar nuestros pensamientos cuando se lo pedimos, nos sosiega el corazón. La paz interior no viene de un cambio intelectual, sino de un proceso espiritual que tiene que ver tanto con el corazón como con el alma. Este cambio se produce por una intercesión divina en el sentido literal, puesto que nuestros pensamientos se alinean con los de Dios.

La teología por sí sola no nos da serenidad. Pero los principios espirituales aplicados a la vida son la antesala de la paz interior. Este libro trata de convertir estos principios en una pócima alquímica de transformación personal, mediante las percepciones de las grandes verdades religiosas para aliviar el dolor inherente a nuestra condición humana.

Despertarnos por la mañana y seguir la rutina diaria de nuestra vida cotidiana ya puede ser de por sí una carga emocional o incluso física. Nuestro corazón puede aguantar un dolor insufrible durante meses o incluso años, arrebatándonos la felicidad e impidiéndonos gozar de los placeres más pequeños de la vida. Los recuerdos traumáticos pueden rasgarnos la psique como cuchillas de afeitar. El sufrimiento puede enturbiarlo todo e incluso si creemos en Dios, en esos momentos Él puede parecernos estar lejísimos.

Pero Dios nunca está lejos, porque se encuentra en nuestra mente. Somos libres de pensar lo que queramos pensar. La puerta que lleva a la liberación emocional es sobre todo mental. Cuando nuestros pensamientos fluyen con los Suyos somos conscientes de Dios en medio del sufrimiento. Lo encontramos en medio de la oscuridad. Y podemos ir con Él a la luz que nos aguarda más allá. El universo está diseñado para la presencia de la luz de Dios al igual que una casa está diseñada para la electricidad, y cada mente es como una lámpara. Pero una lámpara ha de conectarse a un enchufe para que dé luz. Cada vez que rezamos, conectamos con la luz. Cada vez que reconocemos nuestros errores y deseamos repararlos, conectamos con la luz. Cada vez que nos disculpamos o aceptamos las disculpas de los demás, conectamos con la luz. Cada vez que perdonamos, conectamos con la luz. Cada vez que tenemos un pensamiento compasivo, conectamos con la luz. Cada vez que tenemos fe, conectamos con la luz.

La búsqueda de Dios es la búsqueda de la luz, y fuera de esa luz no hallamos más que sufrimiento. Pero, cuando la encontramos, nos curamos y nos sentimos llenos.

La caída al valle profundo y oscuro

Conozco bien el sufrimiento, porque en dos ocasiones me diagnosticaron una depresión. He vivido tragedias personales y la pérdida de seres queridos. He sufrido traiciones y decepciones demoledoras. He sentido en más de una ocasión que la oportunidad de ser feliz se me escapaba de las manos. He vivido de cerca el sufrimiento no solo en mi vida, sino también en la de muchas otras personas a lo largo de mi carrera. Nada hay mejor para entender el sufrimiento ajeno que haber sufrido. Conozco bien la depresión por haberla vivido en carne propia.

Como siempre lo he abordado todo con una mentalidad mística —incluso antes de saber lo que esto significaba—, he interpretado los episodios de mi vida como un viaje espiritual. He considerado los momentos dolorosos como parte de una evolución misteriosa, como las noches oscuras de mi alma que me enseñaban, por más demoledoras que fueran, a estar plenamente presente en la vida. Pero, por más atroz que fuera mi sufrimiento, no quería anestesiarlo. A modo de una parturienta que desea dar a luz de manera natural, rechazando la epidural durante el parto por querer experimentar un «parto natural», yo deseaba sentir de lleno las profundidades de mi dolor. ¿Por qué? Porque sabía que me enseñaría algo. Sabía que, de alguna manera, mi sufrimiento me llevaría a un amanecer nuevo y resplandeciente en mi vida, pero solo si estaba dispuesta a soportar la oscurísima noche del alma que lo precedía.

Aunque esto no significa que esté idealizando el dolor. No nos podemos tomar a la ligera las noches insomnes, los pensamientos obsesivos o un sufrimiento mental y emocional extremo. Pero mis periplos a lo largo de una honda tristeza en última instancia me han aportado luz y oscuridad a partes iguales, pues entender mi sufrimiento me ha permitido conocerme mucho mejor a mí misma. El sufrimiento me ha mostrado cosas que sin él nunca habría descubierto. He visto cómo yo misma contribuía a mis desastres. Que el amor no es un juego que nos podamos tomar a broma. Que los sentimientos de los demás son tan importantes como los propios. Que lo que importa no son las cosas externas. He visto que una vida sin amor, por más magnífica que sea, acaba produciendo sufrimiento. Que el amor es más poderoso que la maldad. Que lo único de lo que podemos estar seguros en este mundo es del amor de Dios y que, sin duda, la vida sigue.

Arrepentimiento, remordimientos, humillación, dolor físico, pena, fracaso, pérdidas…, todo esto puede ser dolorosísimo. Sin embargo, por más difícil que sea de soportar, también allana el camino a la iluminación: la conciencia plena, el perdón, la humildad, la contrición, el aprecio, el agradecimiento y la fe. A veces, al mirar atrás descubrimos que los momentos de un sufrimiento emocional brutal han sido el crisol del que ha emergido la verdad de quienes somos.

He aprendido mucho de las noches de depresión, por más dolorosas que fueran. Durante las noches en vela es cuando solemos vérnoslas cara a cara con los monstruos, cargados no solo de dolor, sino también de información, que ahuyentamos fácilmente a lo largo de la vigilia. Aquello que cuesta no tiene siempre por qué ser malo. Tal vez nos muestre algo que debamos cambiar en nuestro interior, algo con lo que debamos sintonizar, en qué sentido los defectos del carácter o las pautas neuróticas nos están arruinando la vida, o los errores que debemos corregir y los fallos que necesitamos reparar. Al final tenemos que sincerarnos con Dios, pidiéndole que nos ayude a perdonarnos a nosotros mismos y a ver lo misericordioso que es mientras rezamos para que nos dé otra oportunidad de hacerlo todo bien. Tal vez lloremos por los seres queridos que se han ido y por fin sintamos el vínculo eterno que siempre mantendremos con ellos. En esas noches oscuras del alma derramamos las lágrimas que necesitamos derramar.

En algunas ocasiones la luz *surge* de los hallazgos que hacemos estando rodeados de oscuridad. Las épocas dolorosas de nuestra vida no siempre son desviaciones en el viaje a la iluminación, sino que pueden constituir pausas importantes a lo largo del camino. Los demonios personales que emergen de la oscura caverna de una tristeza inmensa no se pueden simplemente «tratar», sino que debemos disolverlos por medio de la luz del autoconocimiento. Debemos observar todo cuanto hay que observar, entender todo cuanto hay que entender y rezar todo cuanto hay que rezar.

Y todo esto lleva tiempo. Una temporada de sufrimiento emocional no suele ser el mero *síntoma* de una depresión, sino, además, un elemento necesario para curarnos. Tal vez sea lo que necesitamos en nuestra trayectoria vital para dejar atrás el sufrimiento en lugar de evadirnos de él.

A veces tenemos que dejar espacio para el sufrimiento emocional. Los meses de pena son lo que necesitamos para salir adelante, asimilando los misterios del amor y de una pérdida para ver por fin que en el espíritu no hay pérdida alguna y que en Dios siempre hay esperanza. Esta clase de duelo es un viaje sagrado y no podemos, ni tampoco debemos, hacerlo a toda prisa. Si tenemos cuarenta y cinco lágrimas que derramar, no basta con verter diecisiete. Una pena inmensa es una fiebre del alma y tanto en la psique como en el cuerpo la fiebre aparece cuando tiene que aparecer. La tendencia del cuerpo a curarse —innata en nuestro sistema inmune que siempre procura recuperarse— también está en la mente. Simplemente, necesitamos darnos tiempo.

El corazón siempre se nos puede partir, forma parte de la condición humana. Donde hay amor, hay felicidad. Pero cuando los lazos del amor se rompen, sufrimos. Dado que el mundo está dominado por el miedo en grado sumo y que apenas propicia el amor en muchos sentidos, ¿cómo puede nuestro corazón no romperse por el sufrimiento de vivir en él?

Pero, cuando hemos vivido lo bastante, salimos adelante. Aprendemos a vivir con el sufrimiento y a hacerlo, además, con soltura. Aprendemos a soportar los mazazos sabiendo que son parte de la vida. «Hola oscuridad, mi vieja amiga. He venido a hablar contigo de nuevo» no es solo la letra de una canción de Simon y Garfunkel, sino que describe la actitud corajuda de saber que aunque esta semana, este mes, o incluso este año, sea duro, lo superaremos. Y en cierto modo *gracias* a haber vivido esa dura etapa de nuestra vida nos convertimos en personas más vitalistas e incluso más maravillosas de lo que éramos. Parafraseando a Elisabeth Kübler-Ross: «Si se protegieran los cañones de las tormentas, nunca veríamos la belleza de sus tallas en la roca».

La depresión es una caída emocional a plomo, a veces a un valle profundo y oscuro. Es cierto. Pero una vida de triunfo espiritual no es aquella en la que nunca caemos en semejante valle, sino en la que aprendemos a salir de él. Para superar un problema emocional necesitamos desarrollar los músculos emocionales al igual que necesitamos desarrollar los del cuerpo para levantarnos del suelo. Y desarrollar este tipo de musculatura es la tarea del alma. Constituye la búsqueda de Dios y el descubrimiento de nuestro yo verdadero.

Dios —el Amor que es la esencia de quienes realmente somos— no está fuera, sino dentro de nosotros. Vivimos en el interior de Dios y Dios vive en nosotros. El sufrimiento terrenal es el dolor atroz de vivir fuera del círculo de nuestra relación con Dios, ya que cuando no nos relacionamos con Él significa que nos hemos alejado de nosotros mismos. ¿Acaso hay algo más deprimente que no ser quienes realmente somos? ¿Y qué puede ser lo más natural del mundo sino buscar la plenitud allí donde se nos partió el corazón? Muchos de nosotros, al caer de rodillas desolados, fue cuando rezamos por primera vez arrodillados. Cuando el dolor nos sobrepasa, nuestro cuerpo se entrega humildemente a Dios de manera natural.

Por más tremendo que sea el problema que tengamos, por más dolor que haya en nuestro corazón, la solución esencial es alcanzar la paz de Dios. *Un curso de milagros* nos enseña que creemos tener muchos distintos problemas, pero, en realidad, solo hay uno: estar separados de Dios. Dicho libro trata de liberarnos del sufrimiento rezando en algunas ocasiones, y perdonando en otras, pero siempre abandonando y dejando ir los pensamientos que no son de Dios.

Es así como alcanzamos la paz interior.

Cambiando nuestros filtros mentales

Abandonar los pensamientos que no son de Dios significa abandonar los que no están motivados por el amor. Todos tenemos un sistema inmune espiritual —diseñado para curar la psique herida, al igual que el sistema inmune físico cura el cuerpo—, pero activarlo requiere un esfuerzo deliberado. No siempre es fácil abandonar nuestra falta de amor, sobre todo cuando estamos inmersos en el sufrimiento emocional. Pero, para poder curarnos, debemos hacerlo. La curación espiritual exige esfuerzo porque es un acto activo, no pasivo. Es una medicina que cocreamos con Dios.

Esta medicina es un milagro. Dejamos de identificarnos con la parte de nuestro ser que sufre y nos identificamos con la parte espiritual. Esta iluminación mental prende la llama de Dios en nuestro interior, una llama que con el tiempo consume cualquier pensamiento que nos haga sufrir. Nos lleva a reinterpretar todo cuanto nos ha ocurrido en la vida. Al conducirnos al radicalismo del perdón y del amor, cambiamos el filtro mental que nos hace sufrir por otro que nos libera del sufrimiento.

Los milagros son pensamientos y los pensamientos lo producen todo. Los pensamientos pertenecen al nivel de la causa, y el mundo que conocemos al del efecto. Un milagro es un cambio perceptivo del miedo al amor, supone cambiar un efecto en nuestra vida al cambiar el pensamiento que lo causó.

Buena parte de nuestro sufrimiento no viene de las circunstancias de la vida, sino de los pensamientos que nos suscitan. A decir verdad, el mundo no es más que una proyección de nuestros pensamientos. Percibimos nuestras vivencias a través de una actitud de amor o de miedo. El amor crea paz y el miedo crea sufrimiento. El miedo es más bien la ausencia de amor en lugar de una entidad en sí misma. Dado que el sistema de pensamiento que predomina en el mundo rechaza el amor, la tierra es una prisión en la que terminaremos sufriendo. La única forma de evitar sufrir es ir más allá de ese sistema de pensamiento que lo crea.

No se puede negar que la vida entraña sufrimiento, pero podemos trascenderlo. La clase de estado mental milagroso al que me refiero no reprime las emociones, las saca a la luz para transformarlas en curativas.

La curación se produce cuando somos conscientes de los sentimientos que nos hacen sufrir y se los entregamos a Dios, rezando para que los pensamientos que los crearon se vuelvan a alinear con los Suyos. Poner una situación en manos de Dios significa abandonar nuestros *pensamientos* sobre ella, cambiarlos a nivel causal. Todo cuanto colocamos sobre un altar, se transforma.

Si realineáramos nuestros pensamientos con los Suyos sin pedirle antes a Dios que nos ayude a hacerlo, no estaríamos respetando nuestro libre albedrío, pero en cuanto se lo pedimos, Él hace realidad nuestras plegarias. Nada más entregarle nuestro sufrimiento, empieza el proceso alquímico. A medida que nuestros pensamientos fluyen con los de Dios, las situaciones se transforman milagrosamente.

Si nos hemos estado aferrando a la amargura, nos guía hacia el perdón. Si nos hemos estado aferrando al pasado, nos muestra con dulzura las posibilidades nuevas que nos brinda el presente. Si hemos estado viendo las cosas con pesimismo, las empezamos a ver con más positividad. La cuestión es que en cuanto estamos *dispuestos* a ver las cosas de otra manera —a conspirar con Dios, el cual, parafraseando *Un curso de milagros*, «disipa nuestro odio hacia nosotros mismos»—, la curación empieza a producirse.

Tu conciencia está iluminada, al principio tal vez lo esté solo ligeramente, pero la diminuta grieta por la que se cuela la luz que has abierto en tu mente acabará aumentando en un fulgor milagroso. A partir de entonces aquella relación problemática que mantenías mejorará, cualquier libro que necesites llegará a tus manos como por arte de magia, un amigo que ha tenido unas percepciones muy esclarecedoras te llamará de improviso. Te darás cuenta de manera natural que puedes mejorar tu forma de actuar del pasado.

Una perspectiva espiritual no niega tu sufrimiento ni cualquier aspecto de tu existencia humana. Solo niega el poder que ejerce sobre ti. Te da la fuerza para aguantar el tirón cuando rompes a llorar desconsoladamente y te hace ver el poder que hay en ti para crear milagros.

De lo ilusorio a la verdad

Un milagro cambia nuestra forma de ver el mundo, atraviesa el velo de lo ilusorio que nos mantiene atrapados en el dolor y el sufrimiento. Rezar para que ocurra un milagro no significa pedir que una situación *cambie*, sino *verla* de otra manera. Solo cuando nuestros pensamientos hayan cambiado cambiarán los efectos que nos causan. Solo cuando trascendamos las ilusiones del mundo nos liberaremos del sufrimiento que nos producen. Pero ¿qué son esas ilusiones? Son las manifestaciones generadas por el miedo que ocultan el aspecto del amor.

El mundo material es una matriz inmensa de ilusiones creada por la mente mortal. La búsqueda espiritual no sirve solo para comprender que el mundo está lleno de ilusiones, sino, además, para alcanzar la verdad última más allá de ellas. Afirmar que el mundo tal como lo conocemos no es la realidad última no equivale a decir que no *exista* una realidad última. Existe una realidad última que se encuentra más allá del cuerpo, más allá de los errores y de este mundo.

No somos pequeñas motas de polvo, seres mortales, efímeros, perecederos e imperfectos que hemos venido a este mundo más que para arañar patéticamente un poco de felicidad antes de sufrir y morir de manera inevitable. Y, mientras seamos cautivos de semejante percepción poco sana de lo que significa la condición humana, estaremos abocados a sufrir mental y emocionalmente. Pero en su lugar podemos aceptar la verdad más profunda de que no somos solo un cuerpo, sino también un espíritu. De que somos unos seres magníficos y gloriosos sobre la tierra con unas misiones magníficas y gloriosas, y que al olvidarlo hemos ido a parar al reino exterior del sufrimiento y la desesperación. Nuestra tarea es volver a recuperar la noble visión de quiénes realmente somos, que podemos librarnos del sufrimiento causado por nuestro olvido.

El sufrimiento existencial resulta de vivir una alucinación tomándola por real. El plano tridimensional de la experiencia es muy real para nuestro ser mortal, pero en el fondo sabemos que no somos solo un cuerpo. No significa que no suframos en esta vida humana, sino que sabemos que la «parte» que está sufriendo no es nuestro yo verdadero. A medida que nuestros pensamientos se realinean en cuanto a quiénes somos en *relación* con la experiencia vivida, la vivimos de otro modo. No estamos negando que el sufrimiento de la vida humana exista, pero aprendemos a trascenderlo. Tu «yo» verdadero es amor, y a esa parte de ti no le afecta aquello que carece de amor. Tu espíritu —la creación de Dios que es tu realidad última— no cambia ni se altera por la falta de amor del mundo.

La mente humana está escindida. Una parte sabe quiénes somos y ve con claridad más allá del velo de las ilusiones del mundo, y otra parte está confundida y ciega. Aprender a desmantelar la mente que toma las ilusiones del mundo por reales, el ego basado en el miedo, es el camino de la iluminación. Al igual que la oscuridad desaparece con la luz, el miedo desaparece con el amor. El ego termina disolviéndose y es reemplazado por la mente del espíritu, que es amor.

El amor es la Verdad de cómo Dios nos creó. Cuando en nuestros pensamientos no hay amor, *no estamos siendo nosotros mismos* en el sentido literal. Psicológicamente, cada pensamiento carente de amor es un acto de autodestrucción. Un mundo que no reconoce la supremacía del amor ni favorece su expresión es un mundo deprimente.

La iluminación, que es compasión infinita, constituye el único antídoto para nuestro sufrimiento. Este remedio no suele actuar de la noche a la mañana y requiere un profundo trabajo interior que a veces es incluso desgarrador. El mundo es un lugar duro y en ocasiones nos resistimos con fuerza a amar. Pero nuestra disposición a intentarlo lo es todo y Dios responde plenamente a la más pequeña petición de que nos ayude a ver las cosas de otra manera. Una reinterpretación espiritual de los acontecimientos nos da una autoridad milagrosa que nos permite dominar los vientos, dividir las aguas y romper todas las cadenas que nos amarran. El poder de Dios nunca falla ni lo hará. La angustiosa ansiedad desaparece y sentimos una gran paz, dejamos de creer que es imposible superar la situación y nos sentimos llenos de esperanza. Aprendemos a perdonar y a ser perdonados.

Ver la vida desde una perspectiva espiritual es una forma más sofisticada de interpretar nuestra experiencia. El amor que nos salva no es una abstracción o un sentimentalismo empalagoso propio de una persona pusilánime. La compasión es la fuerza más poderosa del universo. La mente que minimiza el poder del amor para liberarnos del dolor es la mente que crea el sufrimiento y lo mantiene a cada momento.

Una mente carente de amor es la causante de todos los desastres y lágrimas vertidas. Lo único de lo que debemos salvarnos es, en realidad, de la manera poco sana de pensar que impera en este planeta. Nuestra salvación radica en fluir con nuestra parte divina. Ya que mientras sigamos identificándonos con la insensatez del mundo, seguiremos sufriendo. Nuestro poder de curarnos yace en saber que, en realidad, no pertenecemos a este mundo. Como somos hijos de Dios, no tenemos por qué sufrir la locura del mundo.

Al ensanchar la mente más allá de la realidad tridimensional, nos liberamos de sus límites. Creamos nuevas rutas en nuestro cerebro y en nuestras vivencias. Nos abrimos a posibilidades cuánticas que de lo contrario no aparecerían.

Este proceso no consiste en exclamar «¡ajá!» por un hallazgo súbito. Una persona deprimida no dice simplemente: «¡Oh!, ahora lo pillo» y empieza luego a progresar enseguida. No es fácil, por ejemplo, perdonar a alguien que nos ha traicionado, o no perder el optimismo cuando nuestro pasado ha sido trágico, o aceptar la posibilidad de mantener un vínculo eterno con alguien cuyo abandono o muerte nos ha dejado desolados. Pero cuando estamos *dispuestos*, con la ayuda de Dios, a ver lo que aún no vemos, nuestro ojo interior se abre. Nuestra percepción atraviesa el velo de la ilusión terrenal y conocemos el mundo que yace más allá.

Pero nada de todo esto es fácil, porque los muros de nuestra prisión son muy gruesos. Están reforzados por las apariencias del mundo material y por los acuerdos mentales de nuestra especie. La humanidad ha estado dominada por un sistema de pensamiento basado en el miedo durante eras y la iluminación es un rechazo radical a los principios básicos de esa forma de ver el mundo. Pocas cosas hay más revolucionarias que encontrar una felicidad verdadera en un mundo de sufrimiento.

Sabiduría

La iluminación implica volver a ejercitar los músculos mentales a medida que vamos en contra de la gravedad emocional y psicológica de la mentalidad basada en el miedo.

El ego intenta perpetuarse a sí mismo engatusándonos para que tengamos pensamientos que no vienen del amor a la menor oportunidad. Y para no fallar, además de irritarnos procura hacernos sufrir enormemente no solo para amargarnos la vida, sino para acabar con nosotros si es posible. Desde las adicciones hasta las guerras, el ego no busca solo reducir el amor, sino destruirlo.

El miedo genera una variedad de emociones negativas, algunas son relativamente inocuas y otras de lo más malsanas. Lo que se conoce comúnmente como «depresión» es una confluencia de emociones basadas en el miedo. Es una implosión de negatividad que elimina, al menos temporalmente, nuestra capacidad para «superarla». Es como un espasmo muscular emocional en el que somos incapaces de salir del doloroso estado en el que nos hemos quedado clavados.

Dado el estado del mundo actual —el miedo y la destrucción que nos rodea—, es lógico que cualquier persona pueda sufrir una depresión. La vida en la Tierra puede ser desgarradora. Pero una tristeza inmensa, incluso un intenso sufrimiento emocional, no tiene por qué rompernos el corazón. Forma parte de la experiencia humana, de nuestro viaje espiritual. Incluso en la vida más feliz puede haber días tristísimos. En cuanto aceptamos este hecho y le hacemos un hueco en nuestra mente, dejamos de ver cada brote depresivo como un intruso al que debemos echar de nuestra casa de inmediato.

Que nos puedan romper el corazón forma parte de nuestra profunda humanidad, no significa ser débil de carácter. La única debilidad, de tener alguna, es nuestro miedo a afrontar el sufrimiento con más sinceridad y nuestra resistencia a manejarlo con más sabiduría.

Cuando sentimos una tristeza inmensa, la pregunta más acertada no es: «¿Cómo puedo zafarme o evadirme de este sufrimiento en el acto?», sino «¿Qué significa?» o «¿Qué me está revelando? ¿Qué quiere hacerme ver?»

Una indagación sincera sobre el significado espiritual de nuestro sufrimiento no hace que este dure más, sino que desaparezca antes.

Crecer interiormente con el sufrimiento o sucumbir a él depende sobre todo de si extraemos una lección espiritual incluso en las circunstancias más horrorosas. Buscar esas lecciones es la búsqueda de la sabiduría, y la búsqueda de la sabiduría es la búsqueda de la paz. Como dijo el filósofo Friedrich Nietzsche: «Vivir es sufrir, sobrevivir es hallarle sentido al sufrimiento».

En el mundo actual, la búsqueda de la sabiduría se trivializa y con frecuencia se infravalora. Sin embargo, aunque la razón analice una situación, solo la sabiduría puede entenderla en profundidad. La búsqueda de la sabiduría no es una diversión filosófica sin ninguna aplicación práctica, es la búsqueda de cómo llevar una vida más responsable, tanto a nivel individual como de especie. Cuando la sabiduría escasea solemos tomar decisiones terribles. Nos volvemos inestables emocionalmente, metiéndonos de lleno en situaciones autodestructivas de manera sistemática. Y luego, pese a vernos obligados a invertir una gran cantidad de tiempo y energía en intentar enderezarlas por nuestra insensatez, apenas dedicamos tiempo en comparación a aprender a vivir más sabiamente en el futuro.

De ahí que sea tan importante descubrir lo que nuestro sufrimiento nos enseña: para que, cuando lo superemos, tendamos menos a sufrir de una manera tan intensa. La mente que nos ha llevado a ese infierno se alegra lo indecible de nuestro regreso.

Qué curioso que dediquemos tanto tiempo a disipar la oscuridad y tan poco a buscar la luz. Al ego le encanta ponerse en un pedestal valiéndose del autoanálisis, pero la oscuridad no desaparece golpeándola con un bate, sino encendiendo la luz.

En la búsqueda de Dios nos internamos en la oscuridad, pero solo para exponerla a la luz. Al igual que Isis vagando para encontrar los trozos esparcidos del cuerpo de su amado Osiris, debemos recuperar las partes no integradas de nuestro ser. Y de ese acto de amor nace una vida nueva. Cuando dejamos atrás una época de gran tristeza y sufrimiento, ocurre algo mucho más significativo que simplemente volver a ser felices. Habiendo vislumbrado la oscuridad más densa, comenzamos a ver la luz de Dios con más claridad. Si en verdad Dios es omnipresente, Él está con nosotros en nuestros días más aciagos. Y, cuando los superamos, no olvidamos que estuvo a nuestro lado en esos momentos.

Esa experiencia tan dolorosa no es simplemente un incidente clínico y frío de la vida, sino un proceso sagrado que, además de liberarnos del sufrimiento, transforma nuestro ser. Sufriremos, quizá, pero con el tiempo nos recuperaremos. De las cenizas surgirá un nuevo capítulo de nuestra vida. Como se dice en Apocalipsis 21:4 y también en *Un curso de milagros*: «Y limpiará Dios toda lágrima de los ojos de ellos».

Nuestra civilización nos ha inculcado la obsesión inmadura y neurótica de intentar siempre ser felices. Y, sin embargo, tras haber llorado desconsoladamente es cuando vemos al fin lo bueno de la vida. Parafraseando a Ernest Hemingway: «El mundo nos rompe a todos, pero después muchos se vuelven más fuertes en los lugares rotos». La verdadera pregunta, para cualquiera que sufra, es si queremos ser una de esas personas que se crece ante las adversidades.

Saber mantener el equilibrio entre aceptar el sufrimiento y prometernos sobrevivir a la experiencia es una especie de arte psicológico. Al igual que decir: «Sé que estos momentos son atroces, pero tienen un sentido y acabaré descubriendo cuál es. Me abriré a las lecciones que me ofrecen». Y la lección es siempre, de algún modo, una mayor capacidad de amar.

En la vida solo hay un problema: que le demos la espalda al amor. Pero, aunque el ego se haya apoderado de la mente con una fuerza demoníaca —desde una ligera irritación hasta una maldad descomunal—, el amor de Dios es tan inmenso y Su bondad tan infinita que Él siempre tendrá la última palabra. El universo siempre está dispuesto a empezar de nuevo, a darnos otra oportunidad de amar en una oleada interminable de «Entonces, prueba esto». El universo del amor no se agota nunca. Siempre está creando nuevas posibilidades, nuevas variedades de oportunidades milagrosas. No hay nada que podamos hacer o incluso que pueda ocurrirnos —nada, por más siniestro que sea— que prevalezca finalmente en contra de la Voluntad de Dios. Saberlo es el despertar del conocimiento. Creer en ello es el comienzo de la fe. Experimentarlo es el milagro de una vida nueva.

Esta forma de pensar eleva incluso una vivencia dolorosa a una frecuencia emocional más alta, crea la sensación de que los ángeles nos están abrazando hasta mientras lloramos. En palabras de Esquilo, el gran dramaturgo griego de la Antigüedad: «El que aprende debe sufrir. E incluso durante nuestros sueños, el dolor que no puede olvidarse cae gota a gota sobre el corazón, y en nuestra desesperación, contra nuestra voluntad, nos llega la sabiduría a través de la imponente gracia de Dios».

2

De la oscuridad a la luz

Cuando entró en mi apartamento Jonathan llevaba un lujoso traje oscuro, una deslumbrante camisa blanca y una corbata elegantísima. Era evidente que no sabía exactamente con quién iba a encontrarse o incluso por qué había venido a verme. Un amigo mío psiquiatra me había pedido si podía atenderle.

No pudo resistir soltarme en tono condescendiente unas cuantas observaciones sobre mi falta de credenciales que había descubierto, asegurándose de dejarme claro que era un tipo muy inteligente como para ir a ver a una persona como yo en circunstancias normales. Pero no me dejé llevar por la terrible actitud petulante que me causó. Sentándome, me limité a mirarle a los ojos.

—¿Qué te trae por aquí, Jonathan? —le pregunté.

—¡Oh! Daniel pensó que sería una buena idea charlar un poco sobre ciertos problemas que he tenido —repuso con una labia artificiosa.

—¿Ah, sí?

Conocía a Daniel y sabía que era muy poco probable que le hubiera sugerido a Jonathan que viniera simplemente a «charlar un poco» conmigo durante una sesión. Le sostuve la mirada.

Se hizo un silencio.

—En realidad, no es verdad —admitió en un hilo de voz al cabo de pocos segundos.

De pronto, se le descompuso el rostro, se le veía muy abatido.

—Lo he perdido todo —susurró desviando la mirada.

Dejé una caja de *kleenex* sobre la mesa delante de él. Guardé silencio, deseando conectar con su profunda pena.

—¿Me podrías contar qué te ha ocurrido? —le pregunté en voz baja.

Y empezó a contármelo.

La historia de Jonathan, por más dolorosa que sea, es muy común en los anales del sufrimiento moderno. Había tenido una esposa despampanante, una mansión de ensueño, un próspero bufete de abogados y un alto nivel de vida, hasta que las facturas se dispararon y tomó medidas desesperadas que no eran legales. Al final, su mujer le dejó, se arruinó, perdió la mansión, le inhabilitaron como abogado y escapó por los pelos de acabar entre rejas. Ahora estaba viviendo con su hermana y la familia de esta, intentando desesperadamente recuperar la autoestima y la esperanza para empezar una vida nueva. Era lógico que tuviera una depresión de caballo.

—Debería haber procedido con más sensatez —prosiguió con lágrimas en los ojos—. No es que fuera un sinvergüenza y no me importara lo que estaba haciendo. Lo que ocurrió... es que... las cosas se me fueron de las manos —añadió riendo con sarcasmo.

Hice una pausa.

—¿Tuviste problemas con las drogas o el alcohol?

—No —respondió—. Pero era como si los tuviera. Creo que en aquella época estaba colocado por algo.

—Bueno, en cierto modo era como si estuvieras colocado por el tren de vida que llevabas —observé.

—Si, así es —admitió lanzando un suspiro—. Así es.

—Por lo que veo —dije lentamente— eras un *buen partido* y ahora no lo eres. La mujer que creías que te amaba en la riqueza y en la pobreza te dejó plantado cuando las cosas se pusieron feas. Te han prohibido ejercer la profesión con la que te ganabas la vida. No tienes dinero para pagar un alquiler y estás viviendo en la casa de un familiar. ¿Es esto exacto?

—Sí —afirmó cogiendo un *kleenex*.

Los músculos faciales se le empezaron a relajar. La verdad había salido a la luz. Había dejado de fingir.

—Es decir, lo has perdido absolutamente todo. Ya no tienes que aparentar nada. Por fin puedes relajarte, porque has tocado fondo.

Silencio.

—¿Te sientes aliviado en cierto modo? —le pregunté.

Jonathan no sabía dónde quería yo ir a parar, pero vi que había dado en el blanco. Sonrió arrepentido.

—En cierto modo, por más raro que parezca, sí…

—A veces, cuando las cosas no pueden ir peor es cuando empiezan a mejorar —le dije—. Sé que tu vida se ha ido al garete, pero ¿estás abierto a la posibilidad de que de esta situación pueda salir algo bueno?

—Lo que sé es que las cosas ya no pueden empeorar más. Y estoy aquí. Es evidente que tengo esperanzas.

—Hay un proverbio budista zen que afirma que para llenar una taza antes tienes que vaciarla —le indiqué—. A veces lo mejor que nos puede pasar es que nuestra vida se vacíe para poder volver a llenarla, aunque esta vez con algo mejor. Creo que a nivel subconsciente vaciaste tu taza.

Un año atrás Jonathan no habría escuchado una sola palabra de lo que le estaba diciendo. Pero en este momento de su vida, estaba receptivo a lo que no lo habría estado en el pasado. Buscaba ayuda y se mostraba humilde ante alguien que podía echarle una mano.

Al haber perdido todo cuanto el mundo podía ofrecerle (o al menos eso creía él), ahora estaba preparado para escuchar algunas ideas que no encajaban con su forma de pensar habitual. En ocasiones, cuando creemos haber perdido toda esperanza empieza una vida mejor. Nuestro corazón se abre de par en par, y luego le sigue la mente. Cuando el ego exclama, derrotado: «¡Se ha acabado todo!», Dios afirma, complacido: «Ahora podemos empezar».

—Ya no te queda una pizca de orgullo por todo lo que te ha pasado, ¿no?

—Es verdad —asintió.

—¿Pero crees que el orgullo es bueno? —pregunté en voz baja.

Emocionalmente, era como una víctima con quemaduras de primer grado y quería que mis palabras fueran una pomada balsámica en lugar de perturbarle.

—Quiero preguntarte algo, Jonathan. ¿Te llenaba de verdad la vida que llevabas? —le dije, e hice una pausa—. Porque fuiste tú el que la tiraste por la borda —añadí—. Nada de lo que te ha pasado ha sido por casualidad. A nivel subconsciente la has destruido. ¿Sabes por qué lo has hecho?

Caviló un momento.

—No —repuso quebrándosele la voz—. Es evidente que fui un irresponsable.

—Tal vez lo fueras —contesté—. Fuiste lo bastante irresponsable como para sabotearte a ti mismo, pero a otro nivel no lo fuiste hasta el punto de echarlo todo a perder.

»La vida que habías creado era insostenible —proseguí—. Era como un árbol colosal con unas raíces a ras de suelo. El universo siempre acaba destruyendo lo que en el fondo no tiene sentido, pero no te ha destruido a ti, Jonathan. A decir verdad, todo esto te ha pasado ¡para que saliera a la luz tu yo auténtico!

»Incluso nuestros errores nos pueden llevar a un lugar mejor en cuanto abandonamos lo que no habíamos abandonado antes. La cuestión es que ahora puedes ser la persona que no eras para empezar de nuevo con otra actitud. ¿Sientes que ahora eres mejor persona en algún sentido después de lo ocurrido?

Se quedó como si mirara a la lejanía, pero no dijo nada.

—Por lo que veo aún te quedan muchas cosas por esclarecer. Tendrás que meditar sobre temas de los que querías evadirte con la vida que llevabas. Como, por ejemplo, por qué te casaste con una cazafortunas. Y siento tener que decírtelo, pero en el fondo lo sabías.

Y por qué querías llevar ese tren de vida sabiendo que a la larga no lo podrías mantener. Y por qué estuviste dispuesto a infringir la ley sabiendo que cometías un delito y que, además, podrías perder tu casa. Este tipo de conducta refleja que te odiabas a ti mismo, y tú lo sabes. Si quieres salir de este bache y empezar de nuevo tendrás que analizar todas estas cosas, Jonathan. Y a veces te sentirás fatal. Será como si te clavaras agujas en los ojos. Pero tu disposición a hacerlo, a afrontar lo ocurrido, a reconocer tus errores y perdonar los de los demás es primordial.

Hice una pausa.

—Tengo una mala noticia y otra buena —le anuncié al cabo de unos segundos—. La mala es que lo has perdido todo. Y la buena es que estás en camino de descubrir tu yo desolado y verdadero. Sé que te sientes humillado y te odias, y que en este momento estás asustado, pero es evidente que has sido tú el que lo ha echado todo a perder, porque a algún nivel querías que ocurriera. Querías que este absurdo estilo de vida terminara de una vez, en cierto modo sabías que no tenía sentido. Idolatraste muchas cosas y los ídolos siempre acaban decepcionándonos. Querías que te pillaran porque eras consciente a algún nivel de que te lo merecías. Y deseabas perderlo todo, en el fondo intuías que era la única forma de ser lo bastante humilde como para saber lo que era real o importante para ti.

Jonathan asintió con la cabeza lentamente.

Acababa de ver que le había ocurrido lo peor posible. Pero poco a poco también se dio cuenta de que quizá fuera lo mejor para él. Y lo más importante era que una casa con unos cimientos podridos acaba viniéndose abajo inexorablemente. Reconociéndolo, podía ahora reconstruir su vida sobre unos cimientos nuevos. Sí, tenía que hacer las paces con muchas cosas, empezando consigo mismo. Aún le quedaba mucho trabajo interior por hacer y muchos aspectos oscuros por afrontar. El proceso sería amargo. Pero es cierto que estaba teniendo pequeños vislumbres del camino espiritual al descubrir una senda que lo sacaría de la oscuridad que le rodeaba. Valiéndose de esa experiencia para extraer el oro interior del autoconocimiento, aprendería a cambiar su modo de pensar, se perdonaría a sí mismo, perdonaría a los demás y su vida mejoraría.

—Tus errores no hacen que por ello inspires menos amor, Jonathan. Sé que te sientes como una persona detestable, pero no lo eres. Todos nos equivocamos en la vida, lo que ocurre es que tú cometiste un montón de errores a la vez.

»Tal vez no me creas, pero llegará un día en que valorarás algunas cosas que antes no valorabas, y ni siquiera te importará haber tenido que perderlo todo para que tu vida diera este giro.

—En cierto modo ya las valoro —me confesó—. Nunca creí llegar a agradecer tanto ciertas cosas de la vida. Esta mañana mi sobrina de cuatro años entró en mi habitación con unos panqueques que había cocinado para mí y he roto a llorar.

—Esto no significa que se te esté yendo la cabeza, sino que por fin estás lo bastante cuerdo como para saber lo que es importante en tu vida. Sé que es un golpe terrible para el ego haber perdido tantas cosas. Y que ahora estás deprimido y destrozado. Una cosa lleva a la otra.

»Bienvenido al club, Jonathan. Tú y yo, y la mayoría de la gente, en algún momento de la vida nos hemos dado contra la pared por haber dejado de ser quienes éramos. Pero esto no significa que los demás sean mejores que nosotros, sino solo que no se puede hacer un mal uso del poder personal. Tienes que haber sido muy poderoso para estropear las cosas hasta ese punto, ¿no crees?

Esbozó una vaga sonrisa.

—Cuando era pequeña, mi padre solía decir: «Los buenos tiempos pasan pronto». Tú eras un poco como un príncipe, Jonathan, y lo perdiste todo porque te tenía que ocurrir. Estabas desperdiciando tu gran talento e inteligencia y el universo ha tenido que mostrarte quién es Dios. A decir verdad, ha sido una gran iniciación. Y ahora en tu interior te convertirás en un rey auténtico.

Jonathan se echó a reír sonoramente. A carcajadas. Luego se quedó callado unos momentos.

—He sido un imbécil.

—¿Y ahora te das cuenta? —repuse echándome yo también a reír—. Jonathan, todos lo somos alguna vez. Cuando veas lo misericordioso que Dios es contigo, tú también lo serás más con los demás.

»La cuestión no es si volverás a ejercer la abogacía, aunque si te lo propones te saldrás con la tuya. Ni tampoco si te recuperarás económicamente, aunque con el tiempo sé que lo harás. O si volverás a enamorarte de nuevo, aunque sé tan bien como tú que te ocurrirá. Sin embargo, ninguna de estas cosas representa tu triunfo. Triunfarás cuando entiendas que la única razón para hacer algo, o incluso para vivir, es convertirte en quien eres capaz de ser. En cuanto veas esa luz resplandeciente de realización espiritual que todos terminamos viendo a su debido momento, todo se resolverá. Caerás de rodillas destrozado y luego volverás a elevarte a nuevas alturas. Recuperarás todo lo bueno de la vida, pero a diferencia de antes tu existencia se apoyará en unos cimientos sólidos y no se derrumbará.

La sesión que Jonathan tuvo conmigo ese día no le quitó toda la tristeza, pero le ayudó a embarcarse en un nuevo viaje. Sabía que tendría que atravesar esa noche oscura del alma y aprender de ella. No sería fácil, pero estaba listo para iniciarlo. Le esperaban libros para leer, caminos espirituales por descubrir y, lo más importante, percepciones y epifanías sobre sí mismo y su vida que no tendría a no ser que escarbara lo bastante en su interior.

No todo aquello sobre lo que necesitaba reflexionar sería agradable de recordar y algunas cosas le resultarían dolorosísimas. Pero si los afrontaba ante Dios con arrepentimiento y humildad, esos recuerdos se transformarían en diamantes que iluminarían su vida si él lo permitía.

Permanecimos en silencio un par de minutos y después le pregunté si le gustaría recitar una plegaria.

—Sí, por favor —repuso.

Y lo hicimos.

Dios mío, te entrego el dolor
que hay en mi corazón.
Te entrego mi fracaso, mi vergüenza,
mis pérdidas, mi desolación.
Sé que en Ti, Dios mío, toda oscuridad
se transforma en luz.
Vierte en mi mente tu Espíritu,
y ayúdame a perdonar mi pasado.
Haz que empiece una vida nueva.
Sáname el alma y dame paz.
Reconfórtame en este momento doloroso,
para que vuelva a ver mi inocencia y bondad.
Me he caído, Dios mío,
y siento que no me puedo alzar.
Levántame, te lo ruego, y dame fuerzas.
Condúceme a la senda de la paz
y ayúdame a no volver a extraviarme.
Te ruego que me perdones.
Llevo sobre los hombros la carga de mis fracasos.
Muéstrame quién soy para Ti,
no permitas que me odie a mí mismo.
Ayúdame a recordar y recuperar mi bondad.
Ayúdame a ser quien Tú quieres que sea,
y a vivir la vida que quieres que viva,
para no derramar más lágrimas.
Amén.

Cuando terminamos de recitar la plegaria, él se secó las lágrimas.

Mientras le acompañaba hasta la puerta para despedirle, vi en sus ojos una luz que no tenía cuando llegó. Lo último que me dijo ese día fue «Gracias». Creo que le salió realmente del corazón.

Comiendo espinas

Para tener ese plumaje tan maravilloso, los pavos reales en ocasiones comen espinas. Esas púas leñosas y afiladas, tan cortantes como cuchillas de afeitar, que su estómago digiere son las que producen los colores y las formas de su inigualable plumaje de una belleza extraordinaria. Y a nosotros nos ocurre lo mismo.

Lo que más nos cuesta digerir y asimilar, para integrarlo a nuestras experiencias vitales, es lo que acaba transformándonos de manera positiva. A veces nos convertimos en quienes estábamos destinados a ser después de habernos visto obligados a tragarnos las espinas amargas y punzantes de la experiencia humana. Jonathan fue una de esas personas. ¿Acaso hay alguien que no haya dado un traspié en su vida?

Fallamos en las relaciones, y esos fracasos nos empujan a entender con más profundidad el propósito de las mismas y cómo ser expertos en el arte de amar. Lloramos la pérdida de un ser querido y esa vivencia nos hace apreciar más cada día compartido con los nuestros. Nos sale mal un negocio y extraemos la lección de que deberíamos haber hecho la carrera de Empresariales. Nos traicionan y luego sentimos el poder increíble del perdón. Cometemos errores y después experimentamos la misericordia de Dios mientras los reconocemos, los asumimos y nos proponemos enmendarlos. Todo y cualquier cosa puede llevarnos a un milagro.

A veces nuestro sufrimiento es el que nos hace tomar conciencia de la cualidad sagrada que reside en nuestro interior. Probamos lo más dulce tras haber probado lo más amargo. El corazón se abre de par en par tras haberse roto en pedazos. La diminuta luz de la esperanza vislumbrada en medio de nuestro sufrimiento acaba creciendo hasta convertirse en una luz tan fuerte que la inmensidad de su poder no nos choca tanto como la magnitud de su ternura. Tras habernos internado en las regiones de la desesperanza, descubrimos por fin dónde yace la esperanza. Entendemos con más claridad quiénes somos y por qué hemos venido a este mundo. La luz que nos aleja del sufrimiento nos arroja a los brazos de Dios.

Las etapas de la vida más deprimentes pueden ser iniciaciones que nos hacen tomar conciencia de nuestro poder espiritual, mientras observamos con sinceridad las fuerzas más profundas que juegan un papel en nuestros dramas personales.

El poder del camino espiritual es inconmensurable, a decir verdad es un viaje heroico. El héroe quizá se llame Jonathan o de algún otro modo, tal vez seamos tú o yo, o cualquier otra persona. Es el viaje que nos aleja de la destructividad del ego mientras ascendemos ensangrentados por la escalada, a la cumbre emocional de la desnudez ante Dios, para quitarnos las máscaras y reconocer nuestro yo verdadero. Sin duda, es doloroso soportar los estertores agónicos del yo falso, ese enemigo saboteador que de permitírselo se inmiscuiría en cada rincón de nuestra vida campando a sus anchas por ella. Pero, a medida que las partes falsas de nuestra personalidad empiezan a desmoronarse, la verdad de quienes somos puede al fin respirar. Cada pensamiento medroso, cada hábito derivado del miedo y cada máscara de temor con la que nos cubrimos están bloqueando una luz interior tan resplandeciente que su fulgor supera la belleza de cualquier maravilla del mundo.

Esta es la liberación definitiva del sufrimiento: comprender que este nos hace mejores personas. El viaje espiritual del sufrimiento emocional a la paz interior entraña una transformación de la personalidad, de ser alguien debilitado por el sufrimiento nos convertimos en alguien fortalecido por él. Sí, para vivir el milagro del amor que solo trae perdón debemos mirarle a la cara a la oscuridad de nuestro interior y perdonar a los demás por su propia oscuridad. Ya que así emergeremos victoriosos. Reintegramos las partes disociadas de la personalidad que yacen en las cuevas oscuras del miedo donde el ego las ha sepultado. Poco a poco, quizá, pero con paso seguro, Dios nos guía para que por fin salgamos a la luz de nuestro yo verdadero.

Y, rodeados de esa luz, cualquier milagro es posible. Pues los milagros se dan de manera natural como expresiones de amor. Los miedos dejan de atenazarnos a medida que los reemplazamos por pensamientos amorosos. Cuando dejamos de negar nuestros problemas, los reconocemos y nos perdonamos por ellos. Cuando dejamos de culpar a los demás, nos perdonamos a nosotros mismos. Nos sentimos como un niño en brazos de Dios y volvemos a percibir el vínculo filial cósmico que mantenemos con Él mientras maduramos en los adultos que estábamos destinados a ser. Al ego le hubiera gustado mantenernos siempre en un estado de infantilismo y victimismo. Pero Dios quiere que nos pongamos en pie con orgullo, cubiertos con el manto de la gracia, el poder y la victoria. Esta es la mejor historia, la historia por excelencia, la historia de cada uno de nosotros.

3
La inutilidad de la evasión

La joven encantadora sentada frente a mí parecía desconcertada, pero buscaba respuestas. A Miranda le habían diagnosticado un trastorno depresivo y estaba tomando varios medicamentos al mismo tiempo. Le pregunté si quería compartir conmigo un poco su historia para entender la razón de su desasosiego.

Al escucharla, oí un itinerario vital muy parecido al de tantos jóvenes que inician a los veinte la nada fácil tarea de intentar averiguar quiénes son. No puedo afirmar que la suya hubiera sido una niñez de ensueño, pero no me confesó haber padecido ningún síntoma que llamara especialmente la atención. Por lo que el diagnóstico de su psiquiatra me dejó anonadada. Le había diagnosticado múltiples variedades de depresión y, por si esto fuera poco, un trastorno por ansiedad.

Le formulé más preguntas para ver si había otros episodios dramáticos en su vida que hubiera omitido. Me contó cierto drama familiar, pero no parecía ser demasiado inusual ni insuperable.

¿Qué oí al escuchar a esa joven? Oí a una mujer intentando desesperadamente crecer interiormente, darle un sentido a su vida y averiguar qué se suponía que debía hacer con ella, para encontrar su lugar en el universo y su identidad como mujer.

Crecer es complicado, convertirnos en quienes somos es difícil y la empresa de la transformación personal es a veces la tarea más ardua de nuestra vida. Pero no es algo que podamos evitar. En el caso de Miranda vi a una mujer atravesando una crisis espiritual, sin duda, pero no todas las crisis espirituales deben considerarse un «trastorno». A veces la tristeza es simplemente una emoción humana.

Para mi sorpresa, los médicos le habían dicho que se hiciera a la idea de tomar la medicación el resto de su vida. A mí esto me pareció chocante. Durante más de treinta años he tenido el privilegio de asesorar a personas que estaban pasando por situaciones extremadamente traumáticas. Algunas han acabado recurriendo a fármacos para superarlas y otras no. Pero en los últimos años algo ha cambiado. Ahora cada vez me encuentro con más personas a las que, pese a no tener problemas graves, sus médicos o psiquiatras les han recetado medicamentos. E incluso les han dicho que quizá los tienen que tomar durante largo tiempo o toda la vida.

Ser humano no es una enfermedad. La vida está llena de pruebas, sin duda, y a veces resultan dolorosas. Pero caracterizar sistemáticamente el sufrimiento emocional como una patología es una reacción disfuncional ante la experiencia de ser humano.

La pena y la tristeza son parte del proceso transformador y no deben etiquetarse automáticamente como algo negativo. Las emociones difíciles son a veces adecuadas, pueden ser lo que necesitamos precisamente en ese momento para curarnos, crecer y dejar de sufrir tras haber aprendido lecciones importantes.

Aunque esto no quiere decir que esté intentando minimizar el sufrimiento emocional o poner en duda sus efectos debilitadores. Pero hay distintas formas de interpretar el origen de una depresión, su significado y la mejor manera de afrontarla. Desde un punto de vista espiritual la depresión es el resultado inevitable de vernos como una entidad separada del resto del universo. Es una crisis del alma.

Sí, es doloroso enfrentarnos al paisaje de nuestra vida, recordar la niñez y ver lo distinta que fue de como tendría que haber sido, sufrir la traición de amigos y seres queridos, comportarnos en ciertas ocasiones como no tendríamos que habernos comportado, sobrevivir a la pérdida de un trabajo significativo y de unas relaciones encantadoras, soportar el abandono de amantes y cónyuges, llorar la muerte de un ser querido y otras situaciones parecidas.

Pero esta clase de dolor no se transforma rehuyéndolo o evadiéndonos de él, sino inhalándolo hasta la última bocanada, dejando que la mente se entregue al proceso milagroso mediante el cual la autorrealización y la iluminación emergen de la cueva del sufrimiento.

Al escuchar a Miranda comprendí que nadie le había sugerido nada de esto antes. Nunca le habían mostrado ninguna razón real para esperar ser feliz sin la ayuda de medicamentos. Le habían enseñado a verse como una víctima de su dolencia. Y esta clase de actitud es muy común en la sociedad actual. Considerar una gran tristeza como una enfermedad y, por lo tanto, como algo que evitar es una manera insidiosa de intentar eludir lo que necesitamos encarar. Cuando estamos tristes debemos intentar descubrir la *razón* de la tristeza en lugar de centrarnos exclusivamente en la emoción en sí misma. En mi opinión Miranda no estaba enferma, solo estaba intentando conocerse a sí misma.

Reducir la mayor parte de las depresiones a una bioquímica cerebral o a una dinámica psicológica es arrebatarle su significado más profundo y, por consiguiente, el potencial redentor de su propiedad curativa. En el viaje que nos aleja del sufrimiento se da una alquimia transformadora, descrita a veces de forma más poderosa en términos espirituales que en términos psicoterapéuticos o biológicos. La epidemia de depresiones de los tiempos actuales debería verse como lo que es en realidad: un grito colectivo para que nuestro corazón se cure.

Deja que la tristeza se manifieste

Hace muchos años yo *era* una Miranda. Me sentía desconcertada, perdida y acosada por un sufrimiento terrible. No me imagino dónde estaría hoy si los profesionales que me ayudaron a superar las dificultades me hubieran dicho que tenía un problema mental incurable en lugar de explicarme que estaba simplemente atravesando una mala época. En un momento de mi vida me pasé un año entero llorando, pero nadie me puso un puñado de etiquetas, distorsionando la imagen que tenía de mí misma para siempre.

En aquella época, una amiga me comentó: «Aunque ahora te parezca mentira, Marianne, un día al mirar atrás te darás cuenta de que ha sido un buen año para ti». Nunca he olvidado lo que me dijo porque con el paso de los años he descubierto que tenía razón. Ahora veo esa etapa como una parte dolorosa, pero necesaria de mi periplo a una adultez funcional. La depresión es una iniciación sagrada en el viaje a la iluminación.

Siempre he sentido que en los momentos más difíciles de mi vida ha sido cuando más humana me he vuelto. Entre otras cosas, me han hecho ser más consciente del dolor ajeno de una forma que no lo había sido antes. A medida que mi propia psique destrozada, se empezaba poco a poco a recomponer, me empecé a preguntar si los demás habrían sufrido tanto como yo, si alguien alguna vez habría sentido un dolor tan brutal.

Y acabé concluyendo que, por descontado, era así. Todos sufrimos. Simplemente, había estado demasiado ensimismada en mí misma como para advertirlo. Al no haber sentido nunca mi sufrimiento a ese nivel, no tenía la menor idea de lo que significaba de verdad ni tampoco se me había ocurrido que a los demás también les pudiera suceder.

En ocasiones llegamos a esa conclusión al ver que, si los demás hubieran sufrido incluso una pequeña parte de nuestro sufrimiento, se merecerían toda la compasión de la que fuéramos capaces de darles y todo el esfuerzo de nuestra parte para ayudarles a aliviar su dolor.

Esta clase de sufrimiento del que todos somos objeto procede de una brecha terrible entre una vida llena de amor y la vida que en realidad llevamos. Es la causa de todo el sufrimiento y al cerrarla el dolor desaparece. La brecha que nos separa de Dios y de los demás es la misma. Cuando una desaparece, la otra también lo hace. El viaje espiritual consiste en aprender a cerrarlas.

Este viaje es el camino de la autorrealización. Al tener el valor para encarar nuestro sufrimiento —para soportarlo, aprender de él, procesarlo y trascenderlo—, damos con el secreto para vivir de la forma más poderosa posible. Al igual que hay pianistas virtuosos o expertos en cualquier otra habilidad, existe también la maestría de aprender a vivir bien. Y saber gestionar los momentos más turbulentos de la vida forma parte del viaje. Pocas son las personas que salen ilesas de la experiencia humana. Sin embargo, de la tristeza podemos extraer enseñanzas milagrosas y, como reza el refrán, «no hay ganancia sin dolor».

Los fármacos y el viaje espiritual

El sufrimiento emocional no es una cuestión psicológica, sino espiritual. La depresión puede ser o no una enfermedad mental, pero es definitivamente una enfermedad del alma. No se trata de algo que podamos dejar en manos del médico o de los profesionales psicoterapéuticos convencionales, ya que ¿cómo iba alguien que no reconoce el alma esperar curarla?

El alma, en teoría, pertenece al ámbito de la religión. Pero en la sociedad moderna son muy pocas las personas que recurren a la religión para superar su desesperación y es lógico que sea así. En gran parte, las religiones organizadas han dejado de ser las que se ocupan de consolar espiritualmente a los creyentes, en algunos casos por una mala praxis y en otras por no considerar la congoja del alma como el objetivo de su misión.

La psicoterapia moderna, pese a ser ahora la que se ocupa en parte de esta cuestión, también fracasa cuando no reconoce el trabajo anímico que es necesario para dejar de sufrir emocionalmente. Los psicoterapeutas se sirven en la actualidad de la industria farmacéutica para compensar su falta de eficacia; sin embargo, los fármacos no combaten el origen de la tristeza, solo nos ayudan a no sentirla.

En los últimos años los profesionales de la medicina se han apropiado del tema de la depresión, separando las palabras *tristeza* y *depresión* de una forma artificial que no beneficia más que a la industria farmacéutica. La idea de que ambos estados están separados por una clara línea no es sino una treta manipuladora para vender más medicamentos en lugar de tratar un problema de raíz. Ahora se habla de la «depresión clínica» como si se pudiera diagnosticar con un análisis de sangre cuando en realidad no existe tal cosa. Identificar una depresión clínica equivale a rellenar un formulario.

En ocasiones es necesario recurrir a toda la ayuda posible, incluida la farmacéutica y de otro tipo. Y tratar ciertas enfermedades mentales —como el trastorno bipolar y la esquizofrenia— con fármacos psicoterapéuticos puede salvarnos la vida. Pero aunque en algunos casos el uso de este tipo de medicamentos pueda ser positivo, e incluso decisivo para la salud, lo más probable es que en la actualidad se esté dando una epidemia en el *uso indiscriminado de antidepresivos*.

En opinión de muchos expertos, la depresión clínica se está diagnosticando y tratando excesivamente de manera alarmante. En la actualidad los facultativos recetan antidepresivos —y los pacientes se los toman a la menor ocasión— como si fueran caramelos. Cientos de miles de personas, cuando le cuentan al médico de cabecera que últimamente han pasado una mala racha en una o dos ocasiones, se descubren con una receta de fármacos en las manos.

«Tal vez debería medicarse» se ha vuelto la sugerencia más común y despreocupada, sin haberle explicado antes al paciente lo que significa esto con exactitud. Sí, la sugerencia viene de los médicos, pero también de amigos y familiares preocupados y de los anuncios de los medios de comunicación. Por lo visto, nos están bombardeando por todas partes con la propuesta de mejorar nuestra vida con la ingesta de productos farmacológicos.

No todo el mundo que atraviesa momentos difíciles —incluso dificilísimos—, tiene una enfermedad mental. Es importante no minimizar los temas relacionados con la salud mental, pero también es igual de importante no etiquetar como una patología el sufrimiento humano corriente. No cabe duda de que la vida es dura, pero el camino para alcanzar la madurez no es un trastorno mental. Un divorcio es duro, pero no es una enfermedad mental. Llorar la pérdida de un ser querido es duro, pero no es una enfermedad mental. Lo único que puede considerarse como tal es la sugerencia de que un gran sufrimiento sea una enfermedad mental.

Algunos sostendrían que poner en duda el uso de antidepresivos es una falta de sensibilidad respecto a las cuestiones relacionadas con la salud mental e incluso un desconocimiento de que esta clase de fármacos ayudan a reducir el riesgo de suicidio. Pero muchas veces pacientes que *tomaban* antidepresivos se han quitado la vida y solo se indica con letra pequeña en los prospectos que ciertos antidepresivos pueden favorecer los intentos de suicidio. En algunos casos —*en especial en el de los adolescentes y los jóvenes adultos*—, los antidepresivos tienden más a aumentar el riesgo de suicidio que a reducirlo.

En la vida cotidiana suelo oír la misma cantinela: «la depresión es un desequilibrio bioquímico», precedida de la sugerencia de que al ser un trastorno bioquímico «requiere medicación», aunque nos podríamos cuestionar quién es el que lo está requiriendo. Los oncólogos no afirman que el cáncer de un paciente «requiera» quimioterapia, simplemente la recomiendan como tratamiento. Tal vez sea cierto que la depresión va acompañada de cambios en la bioquímica cerebral, pero esto no debe verse automáticamente como una razón para una intervención farmacológica. El amor, el perdón, la compasión y la oración también producen cambios fisiológicos. Se ha demostrado, por ejemplo, que la meditación cambia las rutas neuronales y la actividad de las ondas cerebrales. Suponer de entrada que la depresión debe tratarse con fármacos ya se está empezando a cuestionar.

La compasión falsa de las campañas multimillonarias no solo para que tomemos un antidepresivo, sino para sugerirnos, por increíble que parezca, que tomemos otro adicional (pese a los pequeños riesgos que comporta, ¡como un fallo hepático!), basta para ponernos en guardia y evitarlos. Por ejemplo, el Abilify (aripiprazol), uno de los fármacos más recetados en Estados Unidos, está catalogado como un medicamento antipsicótico. Las compañías farmacéuticas están ahora dirigiendo este fármaco a la población en general, cuando teóricamente debería ir destinado solo a una pequeña parte de los pacientes con enfermedades mentales severas.

En las últimas décadas el uso de antidepresivos se ha disparado, sobre todo entre los pacientes a los que nunca les habían diagnosticado una enfermedad mental importante. Nunca antes los estadounidenses habían necesitado pensar tanto por sí mismos. En lugar de estarnos despertando psicológicamente, nos están atontando.

Un complejo industrial farmacéutico-psicoterapéutico equivale en la actualidad a una sofisticada red de narcotráfico que ha convertido el sufrimiento humano intenso en un negocio multimillonario. ¿Estás hoy bajo de ánimo? *Aquí tienes una pastilla para sentirte bien.* ¿Te sientes raro y confundido? *Sabes que podrías padecer un trastorno límite de personalidad.* ¿No puedes dormir? *Prueba este medicamento, tal vez tengas una depresión.* ¿Tu madre ha fallecido? *Vamos a doblar la dosis que tomas por un tiempo.* Y lo peor de todo son los argumentos de venta casi delictivos que pretenden querer ayudar a los consumidores y que se aplican de una manera sumamente irresponsable en las vidas de nuestros jóvenes: *Ve haciéndote a la idea de tomar esta medicación el resto de tu vida.*

La tendencia actual a tomarnos una pastilla a la primera o a la segunda lágrima derramadas es poco sana tanto en el sentido psicológico como espiritual. Equivale a una evasión que nos sale muy cara desde el punto de vista social al mantenernos infantilizados, emocionalmente inmaduros y sin las habilidades necesarias para gestionar como es debido los problemas fundamentales de la vida adulta. Nos impide tener un buen criterio, ver las cosas con objetividad y entenderlas a fondo. Y lo peor es que nos separa de nuestro dolor y nos insensibiliza al ajeno, porque si no siento mi propio dolor lo más probable es que tampoco sienta el de los demás. Y este estado genera a su vez más dolor.

Una justificación común para el uso indiscriminado de antidepresivos es que «relajan» al paciente mientras hace su trabajo psicológico. Pero en la mayoría de los casos el trabajo psicológico *auténtico* consiste en afrontar los malos momentos hasta superarlos. Mucha gente toma antidepresivos para poder llevar una vida normal, y me alegro por ella si este método les funciona. Pero las personas que atraviesan etapas difíciles de la vida que son por definición deprimentes no tienen por qué verse en términos patológicos, sino que hay otra manera de abordar la situación.

La recuperación del alma

El alma es eternamente íntegra y completa en Dios. Una visión del mundo demasiado externa nos separa del alma, por lo que nos hace sufrir. Solo recuperando el alma dejaremos de sufrir. La recuperación del alma no es el proceso de arrojar luz a la oscuridad, sino de traer la oscuridad a la luz. Debemos examinar nuestra oscuridad interior —nuestras barreras para amar—, solo así las derribaremos. Y este proceso es a menudo desagradable y doloroso.

Si eludimos la tristeza, estaremos eludiendo la vida. Aprender de la tristeza nos da grandes frutos y eludirla conlleva un precio muy alto que no se ve a simple vista. Podemos elegir entre soportar el sufrimiento tremendo del autoconocimiento o soportar el dolor sordo de la inconsciencia el resto de nuestra vida. Ocultar el sufrimiento no es ponerle fin, sino, simplemente, enmascararlo.

Intentar evadirnos de la tristeza nos impide aprender de ella. ¿Acaso podemos entender con profundidad lo que nos negamos a ver? A veces es en medio de nuestras lágrimas cuando comprendemos una situación más a fondo. Incluso una vida feliz tiene sus días tristes, y la tristeza en ocasiones no es más que una señal de crecimiento interior. De nada sirve forzar una sonrisa en todo momento como si estar tristes estuviera *mal*. Las tormentas tienen una función en la naturaleza y también en la psique. Al igual que los bebés que nunca están expuestos a los gérmenes no desarrollan los anticuerpos necesarios, las personas que se evaden de su sufrimiento no desarrollan las habilidades emocionales para afrontarlo.

Reconocer el significado espiritual de nuestra tristeza nos permite darle el lugar que le corresponde en la psique y en la vida. Advertimos cómo nos hemos separado del amor, de los demás y de la paz de Dios. Al descubrir la causa verdadera de nuestro sufrimiento, podemos resolver el problema de raíz.

La actitud de «yo primero» que impera en la sociedad es el origen de la epidemia de infelicidad, y la solución estriba en cambiar colectivamente esta actitud. Una sociedad con un sistema social y económico que fomenta que vivamos separados de nosotros mismos, de los demás y del planeta es una sociedad que garantiza el sufrimiento. Un mundo desquiciado le transmite a las personas que no fluyen con él que *están* locas. Sin embargo, encontrar la forma de ayudar a la gente a ser más funcional en una sociedad disfuncional no hace desaparecer nuestra desesperación, sino que es una forma perversa de acrecentarla.

Desde un punto de vista espiritual, la humanidad sufre del corazón. Una pierna rota no se cura simplemente con un analgésico, el hueso tiene que soldarse. Del mismo modo, nuestro corazón roto no sanará con un calmante, sino cambiando la forma de pensar.

La herida del alma

El origen de buena parte del sufrimiento no viene de la bioquímica cerebral, sino de la conciencia, y una visión científica del mundo que no reconoce el poder de la conciencia no puede curarnos por completo. Los traumas emocionales se convierten en traumas físicos para el cerebro *porque* son traumas espirituales.

La severa depresión de un excombatiente, por ejemplo, puede proceder de lesiones cerebrales, pero en la mayoría de los casos se debe a una herida del *alma*. Cuando a un joven lo han herido en combate, lo han intentado matar, ha presenciado los horrores del campo de batalla y lo han entrenado para ser una máquina exterminadora y para vivir con las atrocidades de lo que quizás ha tenido que hacer, ¿cómo *no* va su alma a sufrir? Una madre que lloraba la muerte de un hijo suyo soldado que se había suicidado recientemente —un joven al que yo había conocido cuando era un niño gracioso y brillante, del que estaba segura que llegaría muy lejos por sus ganas inmensas de vivir— me dijo entre lágrimas: «¡Oh, Marianne, intentaron convertirlo en alguien distinto a como yo le había enseñado a ser!» Se habían visto obligados a hacerlo, pero esa dicotomía había creado una gran tragedia.

Todos deseamos que los excombatientes dejen de sufrir. Y por todo el país hay profesionales de la salud extraordinarios que los tratan y curan de innumerables formas. Pero los que sostienen que es necesario darles antidepresivos sistemáticamente, debido a los elevados índices de suicidio entre ellos (casi uno cada hora, según la investigación del 2013 del Departamento de Asuntos de Veteranos), deben tener también en cuenta el alto riesgo de suicidios asociado al uso de antidepresivos. Este riesgo se da sobre todo a los veintinueve años o incluso antes, la edad de la inmensa mayoría de los veteranos estadounidenses. Ningún medicamento farmacológico puede por sí solo resolver los problemas de los recuerdos con los que se enfrentan los soldados que regresan a su país.

Esos hombres y mujeres necesitan una medicina espiritual, es decir, sentir no solo el consuelo de Dios, sino también el amor de sus semejantes. Necesitan calor humano, rezar, terapia psicológica, meditar y una sociedad que les demuestre por medio de políticas económicas y sociales que los tiene en cuenta (no solo a través de la retórica política y de palabras huecas como «Gracias por sus servicios»), tal vez disculpándose por haber enviado a tantos soldados a unas guerras en las que nunca deberían haber combatido y mostrando alguna señal —sea la que sea— que indique que se están considerando seriamente otras alternativas a las de las guerras.

La espiritualidad no es la versión aguada de una visión inteligente del mundo o la única opción para los que no entienden los hechos del mundo real por no brillar por su sagacidad. La espiritualidad refleja la mentalidad más sofisticada y la fuerza más poderosa que está a nuestro alcance para la transformación del sufrimiento humano, tanto si tomamos medicamentos como si no. Por eso, aprender los fundamentos de una visión espiritual del mundo —y los principios mentales, emocionales y conductuales que comportan— es el secreto para recuperar la paz interior.

La oscuridad no puede existir en presencia de la luz. La meditación lleva a la luz. El perdón es el secreto de la luz. La oración lleva a la luz. Estos son los poderes que reconfortan el alma, dándonos lo que ningún remedio terrenal nos da. Y son, además, los poderes que más necesitamos ahora para crecer interiormente. Nos sanan la vida al sanarnos los pensamientos, y al aprender a pensar de otro modo aprendemos a cambiar nuestra vida. Como dice la Biblia en Romanos 12:2: «Que no os conforméis a este siglo, sino que os transforméis por la renovación de la mente». La renovación de la mente transforma el mundo.

4

El universo milagroso

Aprender los principios básicos del universo espiritual es el primer paso en la senda de la iluminación. Primero los aprendemos y luego intentamos aplicarlos tanto a nuestras vivencias personales como colectivas.

Todos estamos realizando un viaje espiritual, aunque la mayoría de la gente lo ignore. La espiritualidad no solo tiene que ver con una dinámica teológica exterior, sino con cómo decidimos usar la mente. La senda espiritual es la senda del corazón. A cada momento estamos recorriendo la senda del amor y creando felicidad, o desviándonos de ella y creando sufrimiento. Cada pensamiento que tenemos nos lleva con más intensidad al amor o al miedo.

El amor es sano y el miedo no lo es. La mente que ama es la «mente recta». La palabra *rectitud* se refiere al «uso adecuado» de la mente. Parafraseando a Mahatma Gandhi: «El problema del mundo actual es que la humanidad no está en su sano juicio».

El universo espiritual es la Mente de Dios. Los milagros son pensamientos de amor, procedentes de la Mente de Dios que se extienden a la mente de los humanos y al mundo. Dios es Amor y, al ser hijos de Dios, nosotros también somos Amor. Nuestro objetivo en la tierra es pensar como piensa Dios, es decir, amar como ama Dios. Cuando nuestra mente está en sintonía con el amor, todo se desarrolla milagrosamente. Los pensamientos amorosos crean sentimientos amorosos, y los sentimientos amorosos crean conductas amorosas. De esta manera generamos felicidad para nosotros mismos y las personas de nuestro entorno.

Evidentemente, la vida no siempre toma este camino. Pero debería hacerlo. El amor es nuestro estado natural, del que hemos evolucionado como especie y al que todos anhelamos regresar. Tanto en situaciones importantes como nimias —desde los pequeños extravíos del amor que dañan el panorama de nuestras relaciones personales hasta los horrores de las guerras y el genocidio— los humanos mantenemos una relación espiritual de amor-odio con nuestro yo verdadero. Al principio somos uno con el amor, después nos alejamos de él y al final volvemos a unirnos con él. Eso es todo.

Cuando nuestra mente no fluye con el amor, el tejido natural del universo se rasga. Pero el universo se organiza y se corrige a sí mismo. Cuando nos extraviamos llevados por la ilusión del miedo, podemos volver al amor y a la paz interior. Dentro de cada uno hay un Maestro Interior, una guía autorizada por Dios para que nos ayude a volver a casa cuando nos perdemos con las ilusiones mundanas. Aunque esta fuerza pueda denominarse con muchos nombres (Espíritu Santo es uno de ellos), siempre responde a nuestra llamada.

Los milagros son intercesiones divinas por el bien de nuestro espíritu que nos elevan a la esfera del orden celestial. Los milagros nos liberan de las cadenas que de lo contrario nos impedirían trascender las limitaciones establecidas del mundo mortal. Las cadenas del ego no son materiales, sino mentales, no son más que nuestras ideas fijas sobre el mundo tridimensional. Al dejar de creer en el poder de los desastres cometidos para creer en el poder de Dios para repararlos, los milagros empiezan a darse en nuestra vida.

Pero para convertirnos en obradores de milagros no basta con tener buenas intenciones. No basta con *intentar* ver las cosas de otra manera, debemos estar *dispuestos* a llevarlas a cabo. «Dios mío, estoy dispuesto a verlo de otra forma» es la oración más poderosa para una transformación milagrosa. Allí donde el ego insiste en que el mundo debería ser distinto, el espíritu busca verlo de otra manera. Solo entonces el mundo cambia de verdad. No podemos pedirle a Dios un «milagro» para que todo ocurra como deseamos.

El milagro se da cuando *vemos* las cosas como Dios quiere que las veamos.

El espíritu bendice, en cambio el ego culpa. El espíritu perdona, en cambio el ego ataca. El espíritu cede, en cambio el ego se defiende. El espíritu vive en el presente, en cambio el ego se apega al pasado o al futuro. En cada momento estamos eligiendo, lo sepamos o no, ser el huésped de Dios o el rehén del ego.

Y esta decisión no siempre es fácil. Tu pareja te ha dejado después de veinticinco años de vida compartida…, ¿qué tiene esta situación de milagrosa? Tu hijo ha muerto por una sobredosis de droga…, ¿dónde reside aquí el milagro? Te has quedado sin trabajo y no sabes cómo mantendrás a tu familia…, ¿acaso es esto un milagro? El médico te anuncia que solo te quedan seis meses de vida…, ¿qué clase de milagro es este? No sabes si podrás volver a caminar…, ¿es esta situación un milagro? No puedes quitarte de la cabeza un trauma del pasado…, ¿dónde está aquí el milagro?

El mundo te ofrecerá muchas formas de evadirte del sufrimiento para acrecentar tu ira y tu desesperación. Siempre encontrarás a alguien que coincida en que has sido una víctima, y tal vez al nivel terrenal lo hayas sido. Siempre habrá alguien que esté de acuerdo contigo en que tu situación no tiene remedio y tal vez racionalmente pueda verse así. Todos, unos más que otros, hemos vivido situaciones por las que, desde el punto de vista mundano, podemos sentirnos enojados, victimizados o terriblemente desesperados.

Pero incluso en esos casos podemos elegir. Podemos decidir atacar a los que nos han herido, condenándonos a sufrir y a compadecernos de nosotros mismos. Podemos insistir en que, pese a lo que digan los demás, la situación no tiene remedio, condenándonos a una desesperación absoluta. Podemos culpar al mundo con una actitud negativa, atacándolo y poniéndonos a la defensiva, censurarlo airados, condenándonos con ello a una vida fría y aislada.

O podemos presenciar un milagro.

La elección de ver un milagro significa rechazar la forma de pensar del ego. Es la decisión de seguir con una actitud positiva pese a que el ego nos insista en que estamos a merced de un mundo plagado de miedo. Es el sentido metafísico de las palabras de Jesucristo: «Retírate de mí, Satanás». Tus sentimientos de desesperación son el trofeo del ego, los caminos a su reino oscuro y amargo. Pero con la ayuda de Dios podemos trascenderlos. Su luz disipa la oscuridad y nos libera del dolor. Nos eleva por encima del tormento y de la agonía del mundo del ego.

En una ocasión le pregunté a una mujer cuyo marido la había dejado por otra qué era lo que le haría sentirse mejor, y me dijo tres cosas: que la nueva relación de su marido fracasara; que volviera con ella al darse cuenta de repente que había sido un estúpido por dejarla, o que le ocurriera algo atroz a él o a la nueva mujer de su vida. Se echó a reír entre lágrimas.

Todos a algún nivel entendemos la respuesta de esta mujer. Pero, en realidad, esta clase de pensamientos solo aumentará su sufrimiento. Los pensamientos más poderosos son los de una plegaria. Cuando oro por los demás, estoy orando por mi propia paz mental. Solo puedo recibir lo que les deseo a los demás.

Le pregunté si en lugar de pensar esas cosas estaría dispuesta a rezar por su marido. Y su respuesta fue perfecta: «Si rezo por él tal vez salga del infierno que estoy viviendo; sí, hagámoslo».

Dios mío, bendice a mi antigua pareja
que ha decidido alejarse de mí.
Pese a mi resistencia, le deseo lo mejor
y rezo para que sea feliz.
Líbrame de la tentación de juzgarla
o de controlarla, porque mis juicios
contra ella solo avivan mi sufrimiento.
Ayúdame a perdonarla, Dios mío,
y a perdonarme a mí.
Libérala de mi apego
y libérame a la vez de mi dolor.
Amén.

La plegaria es el vehículo de los milagros. Cambia el universo al cambiarnos. El ego tiene una serie infinita de opciones con las que afrontar los problemas que genera. Pero ninguna hace más que aumentar nuestra desesperación. El ego nunca nos sugerirá que el amor es siempre la solución, porque el amor es la disolución del ego y lo sabe. Necesita alimentarse de la falta de amor para sobrevivir y, sin embargo, *su* supervivencia es *nuestra* destrucción.

El ego ve el perdón como una flaqueza y el ataque como una virtud. Pero el amor no es una flaqueza, es el poder de Dios. El problema no es si el amor obra milagros o no, sino hasta qué extremo nos resistimos a amar.

Es fácil tener fe en el amor cuando las personas que nos rodean son maravillosas y las cosas nos van sobre ruedas. Pero la vida es un proceso de aprendizaje que nos obliga constantemente a amar con más profundidad. El universo obra de forma deliberada y no nos dejará tranquilos hasta que hayamos llegado a un punto en el que el amor, y solo el amor, sea nuestra realidad. No hemos venido a este mundo a pasárnoslo bien simplemente, estamos aquí para actualizar nuestro potencial iluminado. Y el universo se asegurará de que lo hagamos.

De modo que sí, la gente nos tratará con crueldad y las cosas no siempre nos saldrán como esperamos, y, además, en el mundo habrá tragedias. Pero la fuente de milagros de Dios es infinita, y al defender el amor aprendemos a atraerlos en nuestra vida. No hay nada que nuestra esencia sagrada o «mente íntegra» no pueda hacer. La esencia sagrada es la encarnación del amor que transforma todas esas experiencias y nos libera de lo que nos atormenta.

La búsqueda de nuestra sacralidad no es un camino de rosas suave y mullido, sino una ascensión escarpada y pedregosa. En lugar de fingir no estar enojados cuando lo estamos, le entregamos nuestra ira a Dios y le decimos que deseamos desprendernos de ella. En lugar de negar nuestras lágrimas cuando nos abandonan o traicionan, rezamos por la felicidad de la persona que nos ha herido como un acto de generosidad hacia nosotros mismos. En lugar de fingir no sentirnos asustados o solos, dejamos el miedo y la soledad en manos de Dios. Todo esto es un proceso y no resulta nada fácil. Los caminos de los santos están cubiertos de lágrimas.

Pero Dios está a nuestro lado en los momentos difíciles y en los felices. Mientras atravesamos las noches más oscuras del alma nos sentimos fortalecidos, sabiendo, llenos de fe, que no estamos solos.

La fe

En los momentos de oscuridad emocional, ¿qué significa tener fe?

La fe es una disposición psicológica única, nos recuerda con una fuerza inusitada la luz de Dios más allá de la oscuridad. Nos ayuda en las épocas de depresión y tristeza al darnos paciencia para soportarlas. Sabemos que, si realizamos el trabajo interior, el esfuerzo habrá valido la pena. La fe no es ciega, es visionaria. Un piloto que no pueda ver el horizonte no concluye que este no existe. La fe es como pilotar un avión con el piloto automático. Como la Biblia nos dice: «Dichosos los que sin ver creyeron».

La fe es un aspecto de la conciencia que estamos aplicando continuamente al mundo o a los demás. El problema es que tendemos a tener más fe en el poder del cáncer de matarnos que en el poder de Dios de curarnos.

El universo espiritual está regido por un orden divino y el caos de cualquier tipo es temporal. La fe consiste simplemente en aceptarlo. Siempre que el ego nos desanima, Dios acaba levantándonos el ánimo otra vez. No se trata de una mera creencia, es una inteligencia espiritual. Y la inteligencia espiritual nos da fuerza y fortaleza. La fe como recipiente de nuestras emociones es importante porque nos da la certeza ante la incertidumbre. En los momentos de sufrimiento nos mantiene a flote en el mar emocional, dándonos la fuerza para soportarlo sabiendo que, sea lo que sea, acabaremos dejándolo atrás. Hay una diferencia emocional enorme entre «Estoy deprimido y creo que este dolor nunca desaparecerá» y «Estoy deprimido pero sé que lo superaré». Algunas noches son muy oscuras, pero sabemos que acabará despuntando el alba. Sea lo que sea lo que haya ocurrido en nuestra vida, los milagros son posibles. El universo actúa como un GPS. Aunque nos alejemos de nuestro destino por un giro que no tendríamos que haber dado, el GPS registra simplemente el punto donde estamos y nos ofrece otra ruta alternativa. El destino es la paz interior. Atravesaremos épocas difíciles, pero no durarán demasiado mientras elijamos amar.

La inteligencia divina

El universo está vivo, imbuido de una inteligencia natural que guía todo cuanto existe a manifestar su mayor potencial. Esta inteligencia transforma un embrión en un bebé, un capullo en una flor y una bellota en un roble. Cuando se lo permitimos, nos guía para que nos convirtamos en la mejor versión de nosotros mismos y llevemos una vida de felicidad y paz. Aprender a fluir con esta inteligencia natural es lo más inteligente que podemos hacer.

En la introducción de *Un curso de milagros* se dice:

Nada real puede ser amenazado.
Nada irreal existe.
En esto radica la paz de Dios.

El amor es lo único real que existe en el fondo y todo lo demás es una ilusión temporal creada por la mente. Lo que no es amor no existe en realidad.

Salta a la vista que esta manera de pensar va en contra de las evidencias materiales. Cuando echamos un vistazo a nuestro alrededor percibimos el mundo con los sentidos físicos, por lo que el mundo nos parece de lo más real. Sin embargo, lo que los sentidos físicos captan como «mundo real» no es sino una alucinación gigantesca, colectiva y perecedera. En palabras de Albert Einstein: «La realidad es una mera ilusión, aunque una muy persistente». El mundo material no es más que un velo ante un mundo más auténtico, más real, más maravilloso. Es el velo inmenso de la ilusión, creado por el ego no para iluminar, sino para ocultar el mundo que yace detrás de él.

Todo cuanto nos hace sufrir —desde los abusos más atroces hasta la pérdida de un ser querido— acaece en el reino de lo ilusorio. Semejante sufrimiento forma parte de nuestra experiencia humana y se debe respetar como tal, pero la experiencia humana en sí misma no es la verdad última de quiénes somos. Somos seres de un mundo más real que este, del mundo al otro lado del velo. El mundo espiritual es un universo de amor y nada más que amor, donde nada existe salvo la paz y la armonía eternas.

La parte tuya que sufre no es por consiguiente tu yo verdadero. El mundo puede golpearte con unos episodios terribles, pero no puede cambiar la realidad de quien eres. En realidad, eres un ser lleno de amor invulnerable a cualquier falta de amor procedente del mundo.

El viaje de la iluminación es un viaje a un sentido de ti mismo transformado, en él adquieres un sentido distinto de quién eres y de por qué estás en el mundo. Aunque el ego sostenga que somos seres limitados, culpables, temporales y vulnerables intentando arañar un poco de felicidad en un mundo de escasez, una cosmovisión espiritual afirma que no somos ninguna de esas cosas. En Dios, somos inocentes. Somos abundantes. Somos completos. Somos eternos.

Recordarlo nos permite ser por fin felices. Ya que no son meras abstracciones, sino estallidos de luz.

Cerrando la brecha

La parte mortal de nuestro ser —definida por el cuerpo, descrita en términos de circunstancias terrenales y afectada por el mundo material— no es más que un aspecto de quienes somos. Al fin y al cabo, el cuerpo es como un muro levantado alrededor de un yo invisible. El yo invisible —al margen de si lo llamamos Jesús, el Buda, la Mente, *shekinah* o de cualquier otro modo— es quienes somos en el sentido esencial, fundamental y eterno. Tú no eres un cuerpo, eres un espíritu eterno. Ya existías antes de tu nacimiento físico y seguirás existiendo después de tu muerte física. Lo que Dios crea no se puede deshacer.

Procurar recordar quiénes somos en un mundo que hace lo indecible, a cada momento de cada día, para convencernos de que somos lo que no somos y que no somos lo que somos, implica un gran compromiso. El mundo tal como lo conocemos está organizado en torno a la negación de la visión espiritual y trata al cuerpo como real y al espíritu como una fantasía. Se basa en el supuesto de que solo importa lo que ocurre en el exterior. Como tal, la civilización moderna está ciega espiritualmente. Ignora la realidad más profunda y el significado de la vida. No es consciente de la dinámica más profunda y de los imperativos evolutivos de la existencia humana, y en su ensueño les ha creado pesadillas a los individuos y a toda la especie.

En la actualidad estamos sufriendo a escala masiva los estragos de nuestra ignorancia espiritual en forma de grandes problemas psicológicos y emocionales en la gente, y lo que parece ser una destrucción imparable medioambiental y política en el mundo. Pero esta clase de problemas no son las causas, sino los efectos de un estado de la humanidad en el que hemos dejado de ser conscientes de quiénes somos de verdad. Alejados de lo que somos, nos volvemos neuróticos en el mejor de los casos y enloquecemos realmente en el peor.

La mente-ego, el yo ofuscado por la ilusión, intenta a cada momento del día destruir la creación de Dios. Significa que su objetivo es *aniquilarte*. En este mundo, el ego puede producir efectos devastadores. Todo esto tiene lugar en una ilusión inmensa, pero los efectos de la ilusión parecen muy reales cuando estamos inmersos en ella. El papel de los obradores de milagros no es ignorar la oscuridad, sino disiparla.

El mundo del ego es depresivo y demencial. Da por sentado que somos seres temporales cuando somos eternos. Nos ve separados de Dios cuando, en realidad, no somos más que pensamientos de Su Mente. Nos ve separados de los demás cuando de hecho fuimos creados como una unidad y seguimos siéndolo. Para salir de nuestra depresión debemos cerrar la brecha mental entre la visión que tiene el ego de nosotros y de los demás, y la de Dios. Es la única forma de salvarnos de la tristeza y el sufrimiento.

El ego es la propia energía mental vuelta en nuestra contra. Pero, al igual que la oscuridad no es sino la ausencia de luz, el miedo no es más que la falta de amor. El ego es simplemente una fabricación mental, el pensamiento ilusorio de ser lo que en verdad no somos. En su creencia absurda de que estamos separados de todo lo demás, nos convence de que estamos solos… y en peligro… y sin amor. Es *comprensible* que estemos deprimidos. Y recordar quiénes somos es el remedio para curarnos de la depresión.

Somos perfectos, los hijos inocentes de Dios. Esta es la Realidad de Dios, y la Realidad de Dios es inmutable. Además, fuimos creados como una unidad y al nivel del espíritu *somos* uno. El ego no ceja en su empeño de hacernos olvidar que somos perfectos, para que no sepamos que somos inocentes y que formamos una unidad. La ansiedad y la angustia mental que nos causa este olvido es el verdadero significado de la palabra *infierno*. Ser conscientes de ser uno y la paz que nos da es el significado de la palabra *cielo*. El infierno no es nuestro hábitat natural. El cielo es de donde venimos y a donde pertenecemos, no solo después de morir, sino a cada momento de cada día.

La gran mentira

Henry David Thoreau escribió: «La gran mayoría de las personas llevan una vida de silenciosa desesperación». Desde el punto de vista espiritual, esta desesperación es producto de una ilusión: la percepción errónea de que cualquier parte de la vida está separada del resto. Esta idea falsa está respaldada por la evidencia de los sentidos físicos, que viven la realidad en términos físicos en lugar de espirituales, por lo que ven al ser humano separado del resto cuando, en realidad, no es así. Esta creencia esencial tan perniciosa destruye el amor y propicia el miedo, hace que creamos estar aislados de todo y de todo el mundo cuando, en realidad, no es así. Este concepto ilusorio es el origen de nuestra desesperación, porque, a nivel mental, cercena la unicidad de nuestro ser en miles de millones de partes separadas y no respeta, por lo tanto, nuestro sentido del yo más fundamental.

Somos, según *Un curso de milagros*, como rayos de sol que creen estar separados del sol o como olas que creen estar separadas del océano. Veamos lo que esto significa psicológicamente. Si soy una ola y creo estar separada del resto, ¿cómo no iba a intimidarme el océano? ¿Cómo no iba a sentirme desvalida? ¿Cómo no iba a aterrarme ser engullida en cualquier instante por las otras olas? Pero, si me veo tal como soy en realidad —en lugar de creer que estoy separada de las otras olas—, en este caso sé que estoy segura en el océano y que la fuerza del océano es también la mía.

Todo el sufrimiento proviene de nuestro falso apego al reino del yo personal. El sufrimiento es inevitable mientras creamos estar separados del resto de la vida. Las células del cuerpo que se alejan de su inteligencia natural, olvidando su función y yendo por su lado para formar su propio reino, se conocen como células cancerígenas. Son malignas, se han separado de la gran danza cooperante de la vida. Y esto es lo que le ha ocurrido a la humanidad, nos hemos contaminado de una malignidad espiritual en la que, como las células cancerígenas, hemos olvidado que nuestra función es colaborar con las otras células para propiciar una vida más elevada en todos los sentidos de la que formamos parte. En su lugar, hemos acabado creyendo que lo mejor es hacer lo que se nos antoje sin sentir la gran responsabilidad que tenemos hacia el todo del que formamos parte. Y el poder que nos ha sido dado para crear se transforma entonces en un poder para destruir.

Las actitudes temerosas, basadas en la creencia de la separación, crean una toxicidad social presente en cada aspecto de nuestra sociedad que está empozoñando el mundo entero. Esta clase de toxicidad es corrosiva para la psique e incluso para el cuerpo. Tanto si se trata de la violencia en la televisión o la violencia de una guerra, como de un conflicto entre vecinos o entre razas, a veces parece como si el miedo estuviera por todas partes y el amor en ninguna.

Buscamos desesperadamente el amor como el aire que respiramos y, sin embargo, no solemos encontrarlo. Nos embaucan con creencias falsas sobre quiénes somos y la relación que mantenemos unos con otros, y acabamos creyendo que en el fondo no somos nada y que no nos une ningún vínculo con los demás. Esta clase de creencias se van acumulando hasta el punto de volverse una mentira masiva sin cuestionar que se propaga por toda la conciencia de la humanidad como un manto funesto. La mentira va creciendo hasta un extremo tan absoluto, constante y crónico que parece de lo más real. Pero una mentira sigue siendo una mentira aunque esté por todas partes.

La mentira va consolidándose por doquier. Las religiones, las economías, las nacionalidades, la sexualidad, las políticas, las culturas..., el ego lo utiliza todo como prueba concluyente de nuestra separación y nos advierte sin cesar: «¡No confíes en los demás!» Nos *enseñan* a temer a la gente en lugar de a amarla. Percibimos un mundo de escasez —de precariedad y peligro— y de esta percepción concluimos que debemos competir para satisfacer nuestras necesidades a expensas de las de los demás. Pero al fin y al cabo la escasez no es más que nuestra percepción de separación.

¿De dónde viene esta mentira y cómo se puede subsanar? Lo cierto es que no surge de ninguna parte en concreto porque está por todos lados. No es más que la conciencia humana carente de amor. La mente-ego es el significado psicológico de la tierra del diablo, pero no hay una tierra del diablo física donde se traman las mentiras del mundo. El miedo es el poder de la mente vuelto en nuestra contra, es el yo disociado, desesperado y falto de amor. Es el odio hacia uno mismo que se hace pasar por amor propio.

Dado que en la actualidad el sistema de pensamiento dominante en el mundo es el miedo por encima del amor, no es de extrañar que haya tanta gente deprimida, porque los principios organizadores de la civilización moderna nos hacen perder espiritualmente nuestro lugar en el universo. La mentalidad motivada por el miedo y obsesionada por lo material que impera hoy día ha destruido el sentido espiritual de tener un objetivo en la vida de la médula de la civilización y esto es *doloroso*.

No podemos encajar —ni lo haremos emocionalmente— en un mundo en el que no se atribuye un significado trascendente a la experiencia del ser humano, en el que no se presupone que mantenemos una profunda conexión o responsabilidad mutua con los otros seres vivos, en el que existen más fuerzas separadoras que unificadoras y en donde nuestra valía está determinada sobre todo por factores externos. Ese torbellino de pensamientos enfermizos —son enfermizos por propiciar el miedo y no favorecer ni uno solo el amor— ha convertido la civilización en un caldo de cultivo de patología social. En la actualidad estamos viviendo personalmente las consecuencias de ese problema colectivo.

¿Acaso podría ser de otro modo? Una sociedad que margina hasta tal punto el amor ¿*no* nos rompe el corazón a todos? El terrible sufrimiento emocional que tanto abunda hoy día es una enfermedad del espíritu y no se cura con medios materiales. Solo se elimina cuando se trata espiritualmente.

Una enfermedad espiritual requiere una solución espiritual, y una solución espiritual no hace que nos evadamos del sufrimiento o lo rehuyamos. Evadirnos o rehuir el sufrimiento es no sacar su causa a la luz de la conciencia. Si no somos conscientes de nuestro dolor, no podremos abandonarlo, y el dolor solo desaparece cuando nos desprendemos de él.

Dios no lo tomará de nuestras manos a no ser que se lo entreguemos, de lo contrario no estaría respetando nuestro libre albedrío. Las toxinas espirituales han de aflorar para poder expulsarlas. Las expulsamos como parte de un proceso de desintoxicación emocional sin el cual seguirían en nuestro interior poniendo en peligro nuestra vida. La visión moderna del mundo no acepta la toxicidad emocional que hay en él. La *cosmovisión* mecanicista, racionalista y excesivamente secularizada de hoy día es tóxica; de ahí que, para acabar con el sufrimiento, debamos antes corregir nuestra visión del mundo.

El camino a la curación

La genialidad de la naturaleza se manifiesta en el cuerpo y en la mente por igual.

Esta extraordinaria inteligencia natural es evidente en el funcionamiento de nuestros sistemas biológicos. En la creación del cuerpo humano, el óvulo y el esperma se fusionan en un matrimonio celular que lleva a un proceso alucinante de creación y división celular. Las células aparecen y se dividen para transformarse en músculos, piel, órganos y sangre. Cerebro, pulmones, hígado, corazón, uñas, genitales, globos oculares, lengua, dedos del pie…, todas estas partes del cuerpo humano se desarrollan mediante miles de millones de células infinitesimales que colaboran guiadas por la inteligencia natural con otras células en un proceso infinitamente creativo que lleva al nacimiento de un bebé. Tras el nacimiento el proceso sigue, apoyando al cuerpo para que funcione y progrese como un ser independiente.

Hay que tener en cuenta que la naturaleza no depende en ningún momento de ti ni de mí para llevarlo a cabo. *No somos los autores de este proceso.* La inteligencia natural que guía nuestro funcionamiento biológico *es* la que lo realiza. Y, tanto si vemos esta genialidad desde un punto espiritual como secular, la cuestión es que también se manifiesta en nuestro funcionamiento psicológico y emocional. Estamos programados biológicamente para nacer al igual que estamos programados espiritualmente para ser felices. La inteligencia divina usa el cuerpo como un medio para un fin más creativo.

Esta es la intención de la naturaleza y el propósito de nuestra vida: crecer interiormente y prosperar, no solo en el sentido biológico, sino también espiritual. La inteligencia natural nos lleva a la máxima creatividad, bondad y alegría. La cuestión no es si esta inteligencia existe o no, sino si la seguimos o no. Cuando fluimos con esta inteligencia —que es amor en sí misma—, nos guía a la plenitud y a la paz interior. Y cuando no fluimos con ella, es el ego el que nos guía a la oscuridad del caos y el sufrimiento. El libre albedrío no es más que poder elegir entre una cosa y la otra.

La mente forma parte de un ecosistema orquestado a la perfección, al igual que el cuerpo físico. Como este, posee un mecanismo de supervivencia. Y también su propio sistema para recuperarse. Así como el cuerpo no sobrevive a una cierta cantidad de lesiones, a la mente le ocurre lo mismo. Ambos poseen sistemas defensivos brillantes, mecanismos de recuperación que les permiten curarse de las lesiones y combatir las enfermedades.

Cuando sufrimos un trauma emocional, nos sentimos como si nos hubieran dado una paliza porque en cierto modo ha sido así, tanto si somos nosotros mismos como si es otra persona o la vida misma la que nos la da. Hay una parte de nuestro ser que está magullada y necesita tiempo para recuperarse. Cuando nos estamos recuperando físicamente, debemos tratar al cuerpo con cuidado. Y, cuando nos estamos recuperando emocionalmente, también debemos tratar al corazón con el mismo tacto. Cualquier persona deprimida sabe que el dolor emocional es tan terrible como el físico.

La vida entraña enfermedades y dolor en cierta medida, y en ocasiones también que nos rompan el corazón. Lleva su tiempo recuperarse de una lesión física, al igual que superar una lesión emocional. Vivir con sabiduría consiste en tenerlo en cuenta y aplicarlo a la vida cotidiana. El tiempo que la mente necesita para asimilar y procesar una pérdida, una decepción y un miedo no es una enfermedad. Sentir esa pérdida, esa decepción y ese miedo no significa que algo vaya *mal*, solo que estamos heridos y que necesitamos un tiempo para recuperarnos.

La muerte siempre ha existido. Al igual que las situaciones catastróficas y el sufrimiento emocional, no son ninguna novedad. A lo largo de los siglos, cuando hemos tenido que afrontar desafíos y amenazas a nuestra supervivencia, nos hemos adaptado para superarlos tanto a nivel interior como exterior. El cuerpo y la mente han desarrollado sistemas defensivos sumamente eficientes, y la base del sistema defensivo de la mente es la pena. La pena nos permite ir procesando cada vez más lo que de entrada era demasiado impactante para asimilarlo de golpe.

Debemos aceptar la pena que conllevan las pérdidas normales de la vida en lugar de esquivarla. Es un proceso —no un acontecimiento— que resulta muy positivo si lo vivimos de lleno. Cuando estamos hundidos emocionalmente, debemos afrontar los momentos dolorosos sabiendo que van a ser duros pero que los superaremos. Debemos recurrir a lo que nos ayude a dejarlos atrás, sea lo que sea, y rodearnos de personas sanas, colaboradoras y compasivas mientras asimilamos la pérdida y superamos nuestros sentimientos. La pena llegará en oleadas y tal vez tardemos mucho en superarla. Pero lo último que debemos hacer es intentar que se vaya enseguida, acelerar el proceso para «que pase» lo más rápido posible. Si no se puede hacer esto con el cuerpo, tampoco debemos hacerlo con el alma.

Una de las neurosis de los tiempos modernos es el impulso a apresurarnos en aquello en lo que no nos podemos apresurar. Hemos tomado los dictados del modelo del mundo empresarial y los hemos impuesto a todos los aspectos de nuestra vida. Si somos menos «productivos» durante un tiempo por alguna razón, concluimos que esto es, sin duda, malo. Pero, en el fondo, ¿acaso hay algo más *productivo* que superar una pena debilitante y recuperar la paz interior?

El momento adecuado para estar apenados emocionalmente es cuando se nos parte el corazón. Al igual que a veces lo más indicado para una mujer embarazada es descansar cómodamente con los pies en alto y tomarse una manzanilla, lo mejor que podemos hacer en los momentos dolorosos es vivirlos plenamente para pasar a la siguiente etapa de nuestra vida. Necesitamos observar quiénes somos y el momento que atravesamos, ser pacientes con nosotros mismos y hacer un gran hueco en nuestra vida para el enorme proceso de transformación personal que se está dando en el fondo de nuestro ser. Espiritualmente, siempre estamos muriendo y volviendo a nacer.

Al respetar la pena como es debido, la vivimos a fondo. Recuerdo que en el pasado, como se le daba más importancia al hecho de sentir una gran pena, no se esperaba que una persona se recuperara enseguida de la pérdida de un ser querido. Los familiares tal vez fueran de luto (algo inusual en aquella época) durante un año como señal de duelo. Pero se daba por sentado que les llevaría su tiempo recuperarse y sentían que tenían el *permiso* para estar desconsolados. En cambio, en la actualidad se sienten culpables de su tristeza cuando alguien les dice: «Ya hace un mes que murió tu madre. *¿Todavía* no lo has superado?», como si ese breve tiempo bastara de sobra para recuperarse. A decir verdad, es muy sano responder: «No, todavía no, y probablemente me llevará un tiempo».

No somos máquinas, somos seres humanos. Y cuando lloramos la pérdida de un ser querido estamos viviendo una experiencia profunda y significativa. Una época dolorosa puede ser un tiempo sagrado. Respetar el corazón cuando estamos sufriendo, procurando vivir la experiencia al lado de Dios, no nos ayuda a sentirnos menos tristes al instante, pero hace que esta emoción tenga sentido. Residir en un universo sagrado nos da otra perspectiva emocional en la que la vida cobra un significado más profundo porque decidimos verla desde una óptica más honda. Decidimos verlo todo, incluso nuestro propio sufrimiento, en el contexto de la profundidad con la que podemos aprender a amar.

Ocurra lo que ocurra en la vida, podemos abordar la situación con profundidad o superficialidad. Y cuando la afrontamos con profundidad sentimos nuestras sensaciones más a fondo. Los momentos sumamente tristes tal vez reabran viejas heridas. Tal vez esas heridas no solo sean nuestras, sino también generacionales o sociales. Sufrirlas con el corazón abierto no es una tarea de cobardes, sino de personas valerosas que buscan la verdad. Esas heridas nos impedían ser quienes somos capaces de ser, y sacarlas a la luz para curarlas forma parte de nuestro viaje a la iluminación.

Durante ese proceso, si nos vemos obligados a sentir lo que a veces parece un dolor insoportable, podemos llorar. No pasa nada por hacerlo.

5

La cultura de la depresión

En el corazón de la sociedad existe un vacío espiritual que hace que en el fondo sintamos una cierta tristeza. La propia cosmovisión de nuestra civilización es deprimente de por sí. La interpretación mecanicista del mundo nos enseña a ver a la gente como máquinas en lugar de como seres multidimensionales, como cuerpos en lugar de como espíritus. Esta mentalidad niega quiénes y qué somos de verdad. Vivimos rechazando de innumerables pequeñas maneras nuestra naturaleza verdadera a lo largo del día, cada día de nuestra vida.

El mero hecho de vivir en el mundo actual ya es traumático emocionalmente. Pero nuestra desconexión emocional de los demás, de nosotros mismos, de la naturaleza, de Dios —de cualquier sensación de una realidad trascendente—, no es un hecho concreto violento, sino el trauma constante y flagrante de vivir en un mundo sumamente desconectado del amor. Además de estar deprimidos por determinados incidentes y a nivel personal, lo estamos a nivel colectivo.

Los problemas colectivos se reflejan en nuestros dramas personales:

- Alguien está deprimido por una ruptura sentimental o un divorcio. *El problema colectivo es por qué nos cuesta tanto hacer que las relaciones funcionen.*
- Alguien está deprimido por la pérdida de un ser querido. *El problema colectivo es por qué apenas nos permitimos llorar la muerte de un ser querido.*

- Alguien está deprimido por la pérdida de dinero o de su puesto de trabajo. *La pregunta colectiva es por qué hemos aceptado la creación de una economía en la que la mayoría de la gente pasa estrecheces económicas.*
- Alguien está deprimido por la muerte de un hijo suyo por sobredosis. *El problema colectivo es qué clase de sociedad hemos creado para que tantos jóvenes consuman drogas.*
- Alguien está deprimido por un trauma o un abuso que sufrió en el pasado. *El problema colectivo es el vacío espiritual que se da en una sociedad que ofrece tan poca atención, consuelo, esperanza e inspiración a los que sufren.*

Sí, en la sociedad actual la depresión ha alcanzado proporciones epidémicas. Pero, tal como están las cosas, es lógico que *todos* estemos tristes en cierto modo. La brecha entre lo maravillosa que puede ser la vida y cómo suele ser en realidad es desoladora. Alguien que de alguna forma no sufra por el estado del mundo significa que es ajeno a lo que está ocurriendo.

A veces nuestra desesperación se debe, en realidad, a una insatisfacción más bien colectiva. Lo que nos hace sufrir tal vez sea personal, pero el sufrimiento en sí es universal. Al igual que durante milenios los exploradores griegos, romanos y europeos desconocían las fuentes del Nilo, nadie en la actualidad sabe a ciencia cierta de dónde viene la desesperación que se palpa en el aire por todas partes. La depresión se origina de un trauma que separa al espíritu de la propia persona; sin embargo, el trauma no siempre lo desencadena un episodio en particular.

Ninguna vida puede entenderse plenamente fuera del contexto del estado general de la humanidad, al igual que la vida de un niño no puede entenderse sin tener en cuenta el contexto del sistema familiar en el que creció. Las decapitaciones humanas que vemos en la televisión llevan el horror a nuestros hogares, vivamos en Irak o en Illinois. Sinceramente, ya no se le puede decir a nadie: «¿Y *tú* qué motivo tienes para estar triste?» Gran parte del mundo está protestando por el dolor que la mayoría sentimos a algún nivel.

Estamos deprimidos porque la vida actual *no es como debería ser*. Estamos deprimidos porque con frecuencia no encontramos nuestro lugar en el universo, ni sabemos qué hemos venido a hacer en este mundo, ni le damos un sentido más profundo a las relaciones humanas ni tampoco nos maravillamos con ningún aspecto de la vida. La civilización entera se rige más por el miedo que por el amor.

Se está abriendo una brecha insostenible entre lo que sabe el corazón y la experiencia vital del ser humano. Esta brecha nos arroja a la tácita histeria de una crisis existencial, y es esta crisis —y no solo sus síntomas— lo que debemos resolver imperiosamente.

La crisis de la sociedad moderna es que los seres humanos se sienten espiritualmente como vagabundos. Y es comprensible que sea así. ¿Acaso el alma puede sentirse a gusto en el mundo en una civilización tan deprimente como la nuestra? ¿Dónde iba a encontrar consuelo, si nos están bombardeando a todas horas con un aluvión de información contradictoria que se regodea en lo absurdo o en la violencia? El problema no es que Sheila esté deprimida, o que Robert también lo esté, sino que lo deprimente es nuestra propia cultura en muchos sentidos.

Una sociedad que exalta la acumulación de riqueza y menoscaba la importancia de la sabiduría, que exalta el poder de la fuerza y menoscaba el poder del amor, es una sociedad que ha perdido el contacto con el alma. Y vivir en esta sociedad nos hace perder también fácilmente el contacto con nuestra propia alma.

La depresión colectiva es tan colosal, tan omnipresente, que pocas son las personas que se dan cuenta incluso de lo extraña que es esta situación. Es como un gas tóxico que prácticamente todos estuviéramos inhalando. Si la mayoría de la gente tuviera que describir su depresión, hablaría de una sensación que casi todos hemos sentido alguna vez. Una buena parte de la gente que al preguntarle «¿Cómo estás?» responde «Bien, gracias» está mintiendo.

Los principios organizativos por los que se rige nuestra civilización son patológicos por naturaleza, nos están haciendo ir continuamente en contra de nosotros mismos y de los demás, tanto de formas importantes como pequeñas.

En primer lugar, nos dicen que lo valioso se encuentra fuera de uno, en las cosas materiales en lugar de en quiénes somos. Este enfoque va en contra del valor espiritual inherente a cada creación de Dios.

En segundo lugar, nos enseñan que progresar a expensas de los demás es algo natural e incluso positivo. Lo cual nos crea una gran contradicción en nuestro interior, ya que el espíritu *no* puede evitar preocuparse enormemente por el sufrimiento ajeno.

En tercer lugar, la visión del mundo de hoy día nos inculca que, en lugar de relacionarnos con los demás, nos limitemos a negociar con ellos, no para comunicarnos siquiera de verdad, sino para obtener lo que creemos desear.

Psicológicamente, esos enfoques tan retorcidos nos están desgarrando por dentro.

Tratar la realidad del yo interior con tan poco respeto no crea más que desesperación. La visión de nuestra sociedad nos impide sentir tanto nuestras propias necesidades como las de los demás. Y la combinación de ambos problemas forma un brebaje ponzoñoso que está poniendo en peligro el tejido de nuestra civilización. Lo primordial no es que este brebaje esté haciendo estragos en tu vida o en la mía, sino que está haciendo estragos en la raza humana.

La depresión personal y colectiva

La iluminación es el antídoto para la desesperación personal y también para la desesperación colectiva. El viaje espiritual no es únicamente un periplo individual. Tenemos el reto, no solo como individuos, sino también como naciones, grupos y, en última instancia, como especie, de convertirnos en la personificación de nuestra parte más amorosa.

Para ser todos más conscientes debemos intentar resolver problemas de mayor envergadura que no solo tienen que ver con el ser humano, sino con quiénes somos como civilización. Es necesario solucionar el problema de la crisis evolutiva que estamos viviendo como especie, porque los problemas colectivos nos acabarán afectando a todos.

Es tentador centrarse exclusivamente en la vivencia individual de una depresión y pasar por alto los factores más importantes que probablemente están haciendo que esa persona se sienta desesperada. La incidencia de la violencia doméstica, por ejemplo, crece con la presencia de la pobreza. Y la de la criminalidad callejera aumenta con los altos niveles de paro. El estrés económico tremendo que sufren tantas personas se debe sobre todo a un sistema económico amañado. Ciertos problemas de salud son consecuencia de un sistema sanitario inadecuado y de imprudencias medioambientales. Millones de jóvenes pierden oportunidades de recibir una educación universitaria y de progresar económicamente porque se antepone el crecimiento económico de los bancos al potencial económico de nuestros jóvenes.

Muchos de nuestros problemas personales derivan de políticas sociales enfermas espiritualmente, en el sentido de no reflejar una conciencia de nuestra unicidad. Los individuos se contagian de este tipo de políticas sociales y las enfermedades emocionales que adquieren se consideran una depresión. Pero la gran epidemia de fatiga, cansancio y falta de vitalidad de la gente no se reducirá adecuadamente hasta que afrontemos los problemas de mayor envergadura de nuestra sociedad. Detrás de cada persona que cae en una depresión habrá otra, hasta que todos nos concienciemos y veamos que este problema debe ser algo más que una mina de oro para el sector de la industria farmacéutica.

Incluso cuando estamos deprimidos por determinados problemas —que tienen que ver con el dinero, las relaciones, las enfermedades y otras preocupaciones—, estos suelen ser causados por otro mayor generador de disfunción social. Si bien es importante responsabilizarnos de nuestra propia vida, también es primordial ser conscientes de los factores sociales que aumentan o reducen las probabilidades de pasar apuros. Los dos factores no se pueden separar. La tendencia que se está dando desde el siglo pasado de separar la experiencia individual de la colectiva ha creado ángulos muertos en nuestra visión de ambas.

Separar la ansiedad personal de la colectiva —catalogándolas como dos problemas distintos— es una manera equivocada de abordar el gran problema del mundo actual. Cuanto más comprendamos nuestros problemas desde un contexto social más amplio, más poder tendremos para resolverlos. De ahí que la psicoterapia moderna, con su énfasis en el paciente, haya aumentado y reducido por igual el problema. Lo último que debemos hacer cuando estamos deprimidos es centrarnos solo en nosotros mismos. En primer lugar, recurrir a los demás nos permite entregarnos al amor que obra milagros. Y en segundo lugar, es tan importante cómo mis padres se comportaron cuando era pequeña como hasta qué punto estaban presionados y estresados por dificultades de mayor peso. Entender las realidades emocionales más profundas nos permite ver mejor los problemas sociales y viceversa. Saber, por ejemplo, que mi madre me ignoró emocionalmente después del nacimiento de mi hermano pequeño es importante para darme cuenta de su estrés. Si tuvo que ver con el poco tiempo del que disponía para estar en casa, entenderé mejor por qué son importantes leyes como la de la baja por maternidad. Al defender la baja por maternidad estoy ayudando a que otras madres y otros hijos no se estresen como mi madre y yo nos estresamos muchos años atrás. Y lo más importante es que hacer lo que está en mi mano para crear nuevas esperanzas, no solo para mí misma sino para otras personas —ayudando a la gente, participando en la creación de soluciones sociales de mayor alcance—, me ayuda a superar mi propio sufrimiento. Participar en soluciones esperanzadoras genera esperanza. Una de las actitudes más disfuncionales de hoy día ante el sufrimiento emocional es que la persona que sufre siempre está sola en su sufrimiento. Pero no estamos solos, todos recibimos mensajes tóxicos psicológicamente sobre quiénes somos y qué hemos venido a hacer en este mundo. No somos los únicos que sufrimos, hay muchas otras personas con una vida parecida a la nuestra destrozada por las disfunciones inevitables de una civilización ambivalente en el sentido espiritual. La ley espiritual primordial es la de ama al prójimo como a ti mismo. Nunca el mundo había estado tan dividido como hoy en dos grandes grupos: los que creen que debemos seguirla y los que creen que no.

Cuando sentimos una tristeza inmensa es muy importante no dejarnos llevar por la parte de la mente que nos dice: «Esto tiene que ver solo contigo». Nada «tiene que ver solo contigo», ya que *tú no tienes que ver solo contigo*. Todos formamos parte de un conjunto más amplio, de una humanidad más amplia, y todos los milagros surgen de tenerlo en cuenta. El subconsciente no nos reconoce como separados unos de otros porque no lo estamos. Cerramos las heridas del pasado al curarnos en el presente, y nuestro corazón roto se recupera al abrirnos al corazón de los demás. En el instante en que me convierto en parte de una solución más amplia, en un mundo más amplio, empieza mi propia curación. Sí, debemos hacernos un hueco para estar solos y llorar, pero también debemos hacernos otro para sonreír con valentía ante los que tienen los mismos problemas o incluso unos peores que los nuestros. Un día se compone de muchas horas.

Hace años dirigía grupos de apoyo para enfermos de sida. En una ocasión, un joven me dijo: «Hoy no vendré a la reunión porque no necesito apoyo. Esta semana ha sido muy buena para mí».

Le respondí: «Pues quizás esta semana te toque a ti animar y apoyar a alguien que no ha tenido tanta suerte como tú». Vi en su cara que mi comentario no le molestó, de hecho le empoderó. La crisis del sida me mostró los efectos milagrosos de una comunidad llena de personas que, pese a sufrir, sentían tanto amor unas por otras cuando se reunían que incluso la experiencia de la oscuridad más absoluta contenía momentos de una luz indescriptible.

El remedio de la pasión

He oído una variación de esta muletilla infinidad de veces: «Antes creía en Dios, pero ahora ya no. Un Dios que deja morir de hambre a los niños no tiene ningún sentido para mí». La respuesta es que somos nosotros y no Dios los que dejamos que los niños se mueran de hambre. Los problemas más graves del mundo actual no los ha causado Dios, los hemos causado nosotros. Y seguimos creando más.

- Un mundo donde los jóvenes son expuestos a las imágenes violentas que aparecen en las pantallas todo el día es un mundo donde son más proclives a deprimirse.
- Un mundo donde a los jóvenes se les presiona para que aprendan en el instituto de una determinada forma al margen de si su cerebro funciona de ese modo es un mundo donde son más proclives a deprimirse.
- Un mundo donde los jóvenes suelen llevar una vida en la que sus padres están estresados económicamente es un mundo donde son más proclives a deprimirse.
- Un mundo donde los jóvenes saben que nuestros sistemas sociales y políticos están apoyando la destrucción medioambiental, la maquinaria bélica permanente, un sistema económico injusto y un sistema penal cada vez más injusto es un mundo donde son más proclives a deprimirse.
- Un mundo donde los jóvenes son conscientes del precio exorbitante de los estudios universitarios y del futuro incierto que les espera por la falta de oportunidades económicas es un mundo donde son más proclives a deprimirse.

Cuando un niño de diez años se deprime, tenemos un problema que no viene de su hogar sino de fuera. Esa clase de niños reflejan el estrés de sus padres, el cual refleja a su vez problemas conyugales o económicos, u otros factores que reflejan que el alma de la humanidad se ha extraviado.

El sufrimiento de los niños debería ser una flecha que atraviesa la armadura de la negación y nos alerta de lo que está ocurriendo en el mundo. Las personas deprimidas son como los canarios que caen fulminados en una mina de carbón, pues nos revelan una toxina terrible que acabará matándonos a todos si seguimos por ese camino.

Sin embargo, seguimos bajando por las galerías, preguntándonos raras veces si la mina es tóxica. ¿Por qué? Porque el estado poco sano del mundo nos dice que la mina es segura y que el problema ¡es de los canarios!

Actuamos así para evitar el dolor de afrontar nuestro sufrimiento. Una visión del mundo demasiado externa solo sabe tratar el sufrimiento interior con medios externos e intenta eliminar o inhibir los síntomas sin resolver la causa. Por lo que la causa acabará transformándose en otra clase de síntoma al cabo de un tiempo.

El sufrimiento psíquico, como el físico, aparece por una razón. No es una enfermedad, es un mensajero que a menudo decidimos ignorar. *Un curso de milagros* afirma que no depende de nosotros lo que nos enseñará la vida, solo está en nuestra mano aprenderlo por las buenas o por las malas. Lo cual es aplicable tanto a la civilización como a nivel individual. Si ocurre algo, ocurre independientemente de si decidimos o no reflexionar sobre su significado. Pero si no decidimos reflexionar sobre el significado de que haya tanto sufrimiento innecesario en el mundo actual pagaremos un precio muy alto, altísimo, en forma de más sufrimiento.

No nos hallamos en un momento de la historia en el que podamos ignorar olímpicamente lo que ocurre. Ser conscientes de nuestro sufrimiento y del de los demás es tan importante, entre otras razones, porque, si no hay nadie que se preocupe de los problemas del mundo, estos, en lugar de mejorar, no harán más que empeorar. No podemos permitirnos ser ajenos a nuestro sufrimiento o al de los demás.

En una ocasión, mientras navegaba por Internet, vi que ese día en Irak había estallado una bomba en el lugar donde se disputaba un partido *amateur* de fútbol. Treinta y cuatro personas murieron en el atentado terrorista perpetrado por EIIL (Estado Islámico de Irak y el Levante), diecisiete de ellas tenían entre diez y dieciséis años. El artículo estaba ilustrado con una fotografía desgarradora de un joven tranquilizando al que parecía ser un adolescente. Este se veía conmocionado por lo ocurrido al final del partido; el fútbol era una de las pocas alegrías que a los jóvenes les quedaba en su país asolado por la guerra.

Reflexioné sobre el horrendo incidente y las atrocidades de esa guerra. Lo más terrible fue descubrir que nada de aquello tenía por qué haber ocurrido, que el caos actual en Irak proviene de un acto terrible perpetrado por el gobierno de Estados Unidos, mi país. Me vinieron a la mente las palabras amargas que me dijo una mujer bagdadí en un programa radiofónico cuando yo lo presentaba, varios años atrás: «Antes de que mataran a Saddam Husseim, sabíamos que teníamos a tres demonios: él y sus dos hijos. Y nos pasábamos todo el tiempo planeando lo que haríamos cuando murieran. Pero ahora tenemos tantos demonios por lo que ha hecho tu país que no sabemos qué hacer con ellos».

Por más desagradable que me resultara pensar en aquello —*por más deprimente que fuera*—, acepté gustosa sufrir ese día. Como Gandhi dijo, cuando presencias el sufrimiento horrendo de los demás sientes en el alma una gran *fuerza*. Lo último que pensaba hacer era evadirme de mi sufrimiento cuando aquel joven no podía evadirse del suyo.

Rehuir los problemas del mundo no solo reduce nuestra humanidad, sino también nuestra motivación para intentar resolverlos antes de que nos sobrepasen. En lugar de rehuirlos, debemos tener en cuenta su mensaje. El tejido de nuestra civilización se está desgastando peligrosamente, y los individuos que se dan cuenta —los que están disgustados de verdad— son las personas apasionadas que necesitamos para recomponer el mundo.

A veces se aprecia, sin embargo, una sutil actitud desdeñosa hacia ellos. Se ve que algunos sujetos se creen demasiado geniales como para preocuparse de los problemas del mundo. Después de una gala reciente de los Óscar en Hollywood, una actriz muy popular en la televisión y en el cine se burló de los galardonados que al salir al escenario aprovechaban la ocasión para denunciar un problema ecológico o la avaricia corporativa, temas por los que luchaban con pasión. ¡Dijo que se alegraba de vivir en Nueva York, donde por lo visto no ocurrían esa clase de «estupideces hollywoodienses»! Por lo visto, le había sentado fatal. «¡Venga, id con la música a otra parte!», les espetó. Más tarde, aquella misma semana la vi por la tele en un anuncio de American Express. ¡Pues sí, por lo visto ella se había ido con la música a otra parte!

Pero las personas que son conscientes de los problemas del planeta no buscan la aprobación de los demás ni piensan excusarse por intentar solucionarlos, lo que quieren es un mundo mejor. El escritor Paul Hawken ha acuñado la expresión «bendita inquietud» para describir la sensación de inquietud general de mucha gente. Si hay algo de lo que deberíamos preocuparnos es de cómo tanta gente *no* está horrorizada por el inmenso sufrimiento innecesario que hay en el mundo. A veces una neurosis no se mide por aquello que nos entristece sino por aquello que *no* nos entristece.

Sentir tristeza por el estado penoso del mundo es sano, ya que ¿dónde estaríamos ahora si los abolicionistas no hubieran estado en contra de la esclavitud o las sufragistas no hubieran protestado a favor del derecho a votar de la mujer? Este tipo de protesta es el primer mensaje de advertencia que sentimos en las entrañas: «El mundo está yendo por mal camino». En la actualidad, la gente está deprimida por la involución del mundo. *Tenemos toda la razón para sentirnos así*. Al fin y al cabo, todos deberíamos escuchar la voz que nos dice en nuestro interior: «Aquí hay algo que va mal. Hay algo que va mal». Significa que somos conscientes de la urgente llamada de la historia: debemos enderezar las cosas.

Cualquier problema surge, en realidad, de un determinado modo de pensar, al igual que cualquier solución. El problema no es solo que tenemos muchos problemas, sino que hay demasiada gente ajena a ellos, o que se siente impotente, desesperanzada o desilusionada. La desilusión, sin embargo, puede ser positiva cuando nos motiva a madurar. Dejar de creer en que «otra persona» nos resolverá los problemas nos permite ver que debemos hacerlo nosotros mismos. En cuanto intentamos marcar una diferencia en el mundo, empezamos a sentir que las cosas pueden mejorar.

La pregunta correcta no es: «¿Por qué existe el hambre, el genocidio o la pobreza endémica en el mundo?», sino: «¿Por qué *permitimos* que existan?» Quienes rechazan y resuelven este tipo de problemas comparten algo en común: *se niegan a quedarse callados*. Parafraseando a Martin Luther King Jr.: «Nuestra vida se acaba el día en el que guardamos silencio sobre las cosas que importan».

En mi juventud había problemas en concreto por los que protestar —la Guerra de Vietnam, la falta de derechos civiles, la desigualdad de género— y protestamos. Pero, en la actualidad, el problema es que no hay solo una guerra en una parte o una institución opresora en otra contra la que debamos oponernos. El problema de hoy día es más generalizado, no viene de un efecto en particular, sino más bien de una causa subyacente que se extiende por doquier. Esta causa fundamental es una mentalidad despiadada y eficiente al mismo tiempo, hija del nuevo modelo corporativista que amenaza con marginar a cualquiera que no comulgue con una forma cada vez más destructiva de ver el mundo.

A fin de cuentas, ahora el dinero es lo más importante en lugar de que sean la gente, los principios éticos o el amor lo esencial. Y esta mentalidad, por lo visto, no se puede cuestionar. El miedo sostiene que no estamos en este mundo para amar al prójimo y que no le debemos nada a nadie. Que estamos aquí para conseguir más cosas, aunque nunca nos lleguemos a sentir satisfechos por más que adquiramos. En cuanto las conseguimos, se supone que debemos ser felices, y si no lo somos significa que tenemos algún *problema*. Y hay muchas, muchísimas opciones a las que podemos recurrir para aliviar nuestro vacío existencial. *¿Es que no nos alegramos de tener tantas opciones?*, nos pregunta el ego. Pero lo cierto es que cada vez disponemos de más productos para consumir y de menos elementos esenciales. El ego es un dictador emocional implacable y no cede un solo milímetro.

Pero ¿cómo íbamos a sentirnos llenos, tal como están las cosas? La depresión significa un decaimiento de algo, ya sea de la alegría, de la creatividad y, a veces, de la capacidad de superar un infierno cuando es necesario. La depresión es falta de pasión. La pasión surge cuando nos ponemos al servicio de lo que es bueno, auténtico y hermoso, de algo importante, más grande que uno mismo.

El papel de los apasionados es reconocer aquello que va mal en el mundo e invocar con la máxima pasión la solución. Este papel no siempre es fácil ni está exento de problemas, ni tampoco garantiza el aplauso unánime de los demás. Constituye la llamada heroica de cada época para romper las viejas botellas y elaborar un nuevo vino.

El vino de lo sagrado no se puede meter en la botella de la codicia. En la sociedad moderna lo hemos reducido prácticamente todo a meros objetos adquiribles, alterando el delicado ecosistema de las relaciones humanas con una mentalidad negociadora de «¿Cómo puedo conseguir lo que quiero de ti?» que convierte los encuentros humanos normales en reclamos comerciales. Nos enseñan sobre todo a saber vendernos unos a otros —incluso hasta el extremo de manipularnos y explotarnos mutuamente sin piedad— en lugar de a amarnos.

Cuando «¿Qué quiero conseguir de ti?» reemplaza a «¿Qué tengo para compartir contigo?», cuando las relaciones humanas dejan de basarse en el beneficio mutuo y en la buena voluntad, el mundo empieza a desmoronarse. Las interacciones humanas normales se estropean y las grandes fuerzas socioeconómicas se vuelven injustas.

Los habitantes de algunas de las naciones más ricas del mundo son los que están más deprimidos, no por carecer de bienes materiales, sino por su falta de espíritu comunitario. Durante las últimas décadas hemos sacrificado elementos sociales esenciales para el cultivo de la comunidad, la familia y la paz interior en el altar de un nuevo modelo económico.

Nunca el dios de los beneficios había sobrepasado al Dios de la rectitud hasta tal extremo como ahora, cuando el sufrimiento humano se suele ver como un daño colateral aceptable. Sea lo que sea, si da ganancias es bien recibido, pese a ser contraproducente por plantear serios problemas éticos. De ahí que esta llamada no sea solo para resolver la situación, sino para emprender una revolución espiritual y política.

Hoy día es realmente un acto revolucionario defender con firmeza los principios compasivos ante el gigante económico que campa a sus anchas.

Para que se dé la paz y la felicidad tanto entre la gente como entre las naciones es esencial relacionarnos correctamente con los otros seres humanos, porque no fuimos creados como seres aislados. Somos interdependientes por naturaleza. Nacemos para ser hermanos y hermanas, y cuando la solidaridad brilla por su ausencia vamos pereciendo poco a poco.

Al vernos como separados y solos en nuestra vida aislada dejamos de sentirnos responsables de los demás, de ser compasivos y perdonarnos unos a otros. Se trata de la trampa mortal de la mentalidad del ego, tanto en lo que se refiere a los individuos como a la sociedad, y la tristeza profunda, profundísima, que esta situación genera es una de las cosas más sanas que se puede decir de nosotros. La falta de amor es como estar muertos, y en el fondo de nuestro corazón lo sabemos.

El sistema preventivo de alarma de la naturaleza

En una ocasión oí una historia sobre una manada de chimpancés en la que una pequeña parte de ellos empezó a manifestar un comportamiento depresivo. No comían, ni jugaban ni dormían con los otros chimpancés. Un grupo de antropólogos se preguntó qué efecto tendría la ausencia de los chimpancés deprimidos sobre el resto y los apartaron de la manada durante seis meses. Al volver, descubrieron que todos los chimpancés de la manada ¡habían muerto! ¿Por qué? Según uno de los análisis, los chimpancés denominados «deprimidos» habían sido el sistema preventivo de alarma. Se sentían deprimidos por una razón: intuyeron que estaba a punto de llegar una tormenta, o serpientes, o elefantes, o una enfermedad. La presencia de los chimpancés deprimidos había sido una ayuda evolutiva para la supervivencia de la manada. Al no encontrarse entre ellos, los otros chimpancés no advirtieron los peligros que les acechaban.

Nada es más funcional que un sistema de alarma interior en los seres humanos o en cualquier otra especie. Y nada es más *dis*funcional que ignorar las advertencias del mismo o *quitarles importancia*. Y, sin embargo, lo estamos haciendo todo el tiempo de numerosas formas.

Nuestra cultura popular contemporánea es en sí misma un agente embotador que nos hace sentir inapropiadamente cómodos cuando tendríamos que sentirnos apropiadamente incómodos. Hoy día incluso existe un sucedáneo de la espiritualidad que proclama que, como el mundo es de todos modos ilusorio, no hace falta preocuparse por arreglar las cosas. ¡Qué buena excusa para no hacer nada! A decir verdad, ningún camino espiritual serio permite que nadie se desentienda del sufrimiento ajeno. No estamos aquí para ignorar la oscuridad del mundo, sino para transformarla. Y para transformar la oscuridad debemos a veces tomar enérgicamente una resolución.

Martin Luther King Jr., además de instar a la gente que amara a sus opresores, les instó a boicotear la compañía de autobuses. Sentirnos indignados por las injusticias sociales no es una reacción disfuncional, ya que esta indignación moral surge del amor y no de la ira. No existe una sola especie de mamíferos en la que la feroz actitud protectora de una madre hacia sus crías no sea un requisito para la supervivencia de la especie. No es inapropiado gritar «¡Fuego!» cuando una casa está envuelta en llamas, lo que está mal es quedarse de brazos cruzados.

Solo el ego cree que no tenemos ninguna obligación moral de aliviar el sufrimiento de los otros seres o que no hacerlo no tendrá ninguna consecuencia amarga. Pero la Ley de Causa y Efecto es muy real, es decir, el karma no deja pasar ni una. Claro que duele tomar conciencia del sufrimiento innecesario de los demás, pero negarlo nos acabará haciendo sufrir mucho más aún. Por nuestras venas corre un lazo de amor a modo de impulsos eléctricos que nos conecta a los otros seres vivos. No actuar de acuerdo con esta realidad nos descentra e impide ser felices. Por la noche disfrutaremos más emocionalmente de nuestro tiempo libre si sabemos que durante el día hemos hecho todo cuanto estaba en nuestras manos para ayudar a los demás.

Muchas personas nos sentimos como si no fuéramos de este mundo, y en el sentido espiritual es así. Y sentirnos como almas errabundas nos entristece. Pero hemos venido a este mundo para convertirlo en nuestro hogar y no para aceptar todas las razones por las que no lo es ahora. Sí, las manifestaciones del miedo se han vuelto muy fuertes en el reino de lo ilusorio, pero en esa ilusión la gente sufre y muere, y ha llegado el momento de experimentar una gran revolución de la conciencia. De reivindicar nuestro derecho a que reinen en el mundo las fuerzas del amor.

No hay mejor antídoto para la depresión que unirse a la revolución del amor, dando incluso el paso más pequeño para contribuir con nuestra energía a la oleada transformadora de la concienciación que está surgiendo entre nosotros. No es solo una forma de hacer mella en la epidemia de depresión, sino la solución para salvar el mundo.

Transformamos el mundo con cada pensamiento de amor y perdón que tenemos. Con cada acto político, social o económico que llevamos a cabo para combatir la falta de amor. Con cada acto de creación que señala una manera nueva de vivir en el planeta. Esa transformación —tanto personal como social— es el siguiente paso evolutivo de la humanidad.

Podemos dar el paso o extinguirnos como cualquier otra especie que no se adaptó a su hábitat, yendo hasta tal punto en contra de su propia supervivencia que acabó desapareciendo literalmente de la faz de la tierra. Esta es la dirección que hemos tomado; sin embargo, podemos cambiarla. Como ocurre con cualquier otro milagro, Dios nos tiende su mano en los tiempos más inesperados y de las formas más misteriosas. En la oscuridad de la noche brilla la estrella de una nueva esperanza, como siempre ha sido y siempre será.

Dios mío, crea un sendero de luz
en medio de la oscuridad para mí y los demás,
y muéstranos cómo seguirlo.
Ábrenos los ojos para que veamos
y la mente para que entendamos
otra forma de ser, otro sendero que seguir,
para que vivamos de otro modo.
Dios mío, te ruego que nos uses
para mejorar el mundo.
Amén.

6
El perdón

Sin perdón no hay amor, y sin amor, no hay milagros. En *Un curso de milagros* se indica que podemos sentirnos agraviados o vivir un milagro, pero que una cosa excluye a la otra. El perdón, por lo tanto, es el secreto esencial para ser felices. En algunos casos el reto es perdonar a los demás y en otros perdonarnos a nosotros mismos, pero, hasta que no hayamos perdonado, no dejaremos de sufrir.

El ego no ve ni por asomo el perdón de la misma manera que el espíritu. El ego sostiene que una persona es culpable y luego considera el haberla perdonado como un acto de superioridad espiritual. Pero salta a la vista que esto no es un acto de perdón, sino un juicio de valor sobre alguien. El perdón auténtico es aceptar que como solo el amor es real, sea lo que sea aquello que es necesario perdonar, únicamente existe en el reino de lo ilusorio. Dejamos de centrarnos en la culpabilidad del otro y aceptamos la realidad de su inocencia eterna. Así —por medio del poder de nuestro cambio mental que nos permite percibir la situación de otra manera— liberamos el poder del universo milagroso.

El perdón reajusta la trayectoria de probabilidades que de lo contrario se daría si prevaleciera la visión culpabilizadora y acusatoria. Cuando se expresa el amor, los milagros ocurren por sí solos; cuando se niega el amor, los milagros brillan por su ausencia. El perdón libera el poder del universo milagroso para que interceda a favor de nuestra bienaventuranza y restablezca la armonía allí donde haya desaparecido.

Deseamos perdonar no como un modo de negar lo que nos han hecho, sino de cambiar nuestra forma de verlo. Al dejar de centrarnos en el reino del cuerpo y hacerlo en el del espíritu, dejamos de apegarnos al pensamiento de la culpabilidad de alguien. Al dejar de ver la ofensa sufrida como real, la mente ya no ve el dolor que le causa como real. No la está negando, sino trascendiendo. Esta actitud activa el mecanismo autocorrector del universo, por lo que cambian los efectos de cualquier ofensa de la que hayamos sido objeto. Nadie tiene el poder de vencernos para siempre mientras estemos dispuestos a perdonarlo.

El perdón es recordar selectivamente lo que alguien hizo bien cuando la mentalidad del ego está recordándonos a gritos lo que alguien hizo mal. Siempre podemos elegir dónde ponemos la atención: si en culpar a alguien o en desearle lo mejor. Yo puedo fijarme en lo que hizo mal o decidir recordar un momento en el que procuró actuar bien. Aunque el ego insista en que esa persona no se lo merece, el espíritu sabe con certeza lo contrario. Y, además, el ego tiene un motivo oculto para atacarla, está intentando en el fondo atacarnos. Solo al recordar quién es esa persona (*un hijo inocente de Dios, pese a sus errores*) recordamos quiénes somos de verdad (*hijos inocentes de Dios, pese a nuestros errores*).

Un curso de milagros nos aconseja que, cuando vayamos a pensar algo negativo de una persona para atacarla, nos imaginemos una espada pendiendo sobre su cabeza y recordemos que, como ella no está presente, la espada caerá sobre nuestra propia cabeza. Una idea no abandona el lugar del que ha salido; por lo tanto, aquello que pienso de otro lo estaré pensando de mí. Al atacarla mentalmente, me estoy atacando a mí. Y al perdonarla, me estoy perdonando a mí.

Censurar a otro, aunque nos haga sentir mejor por un instante, siempre se volverá en nuestra contra y nos hará luego sentir peor. Si yo la ataco, esa persona me atacará a mí, o al menos eso pensaré yo. La mente funciona de tal modo que, sea quien sea quien ataque primero, el atacante siempre se siente atacado.

El perdón nos libera de la rueda del sufrimiento. Nos transporta a los reinos cuánticos más allá del tiempo y del espacio, donde los pensamientos de culpabilidad no han mancillado la inocencia del otro ni la mía. Hay una frase del poeta persa Rumi que lo resume de maravilla: «Existe un lugar más allá de las ideas de lo que está bien y de lo que está mal. Allí me reuniré contigo». En ese espacio de la nada el universo se autocorrige milagrosamente. En presencia del amor todo vuelve automáticamente a su estado divino correcto. Aquello que el ego ha hecho imperfecto vuelve a adquirir una perfección divina, por lo que aparecen una infinidad de posibilidades para la curación que antes no se daban.

«Lo siento.»

«Yo también lo siento.»

Son palabras sencillas mucho más acertadas que las que pronunciaría el ego. Es curioso cuántas veces decimos algo que no tiene nada que ver con esto, algo de lo que luego nos arrepentimos durante años de haber dicho.

Pocas cosas hay más dolorosas emocionalmente que distanciarnos sin querer de los demás. El ego crea la distancia con los juicios de valor y los ataques. El perdón es cuando le plantamos cara al ego, ordenándole que vuelva a la nada de la que ha venido. Decidimos en su lugar pensar como Dios piensa, y Dios no censura a nadie. No lo hace porque nos ve tal como nos ha creado. Cuando aprendamos a ver a los demás como Dios nos ve, estaremos en paz y el mundo también estará en paz. La única razón por la que hemos venido a este mundo es para aprender a hacerlo.

El instante sagrado

La percepción del tiempo del ego es lineal, pero el tiempo lineal es una ilusión. El único tiempo real que existe es el tiempo de Dios, o la eternidad. El único lugar donde la eternidad confluye con el tiempo lineal es en el momento presente, referido en *Un curso de milagros* como «instante santo». Ahí es donde se dan los milagros.

Una de las lecciones diarias del *Libro de ejercicios* de *Un curso de milagros* es «El pasado ya pasó. No me puede afectar». Como el amor es lo único real que existe, en tu pasado lo único real fue el amor que recibiste y el que diste a los demás. No es necesario que lleves nada más al luminoso presente. Si dejas atrás lo que no era real, cada momento será un nuevo comienzo.

El futuro se programa en el presente. Si entramos en el presente acarreando pensamientos del pasado, programamos el futuro para que sea como el pasado. Pero cuando entramos en el presente sin acarrear pensamientos del pasado, liberamos al futuro de no ser como el pasado. Los milagros ocurren en el presente, interrumpiendo la secuencia lineal del tiempo. El perdón tiene lugar cuando decidimos ver a alguien como es en este preciso instante en lugar de verle como era antes. Al entrar en el Instante Sagrado, liberados de lo que ocurrió en el pasado, dejamos que la relación empiece de cero. Le damos un voto de confianza a la otra persona, por lo que hay más probabilidades de que ella también nos lo dé.

Dios solo ve nuestra inocencia porque así es como nos ha creado y, por consiguiente, solo esto es cierto. Al aprender a ver a los demás como Él nos ve, dejamos que los milagros sanen nuestras relaciones y nos liberen del sufrimiento que nos causan. Dejar de censurar a alguien por lo que nos hizo nos permite liberarnos de los efectos de sus actos. Al darle el regalo del perdón, recibimos el regalo del perdón. No es un acto altruista, sino que lo hacemos por nuestro propio bien.

Entrar en el Instante Sagrado, siendo conscientes de la inocencia espiritual que es la verdad de un ser *ahora,* en ese instante, nos recuerda la inocencia de esa persona y por ende la nuestra. En ese momento milagroso el velo de la ilusión se disipa y el universo entero manifiesta una infinidad de posibilidades que de lo contrario no se manifestarían.

Al ego como es natural todo esto le parece absurdo. Como la separación es su objetivo, cualquier intento de perdonar le parece ofensivo. Se especializa en comentarios como: «*¡Si deberías estar furioso!*», «*Si le perdonas, todo el mundo te pisoteará*» y «*Me tienes muy preocupado, todos hacen lo que se les antoja contigo*».

Pero el ego es un farsante. Lo que nos devuelve la paz interior nos guía por el buen camino. Perdonar a otra persona no significa que hayamos perdido la cabeza. Ni que no sepamos decir que no. Ni que seamos incapaces de fijar límites saludables o de alejarnos de las situaciones poco sanas. Significa simplemente que sabemos manejar la situación con más rapidez y eficiencia. Trascender el torbellino emocional creado por la situación dolorosa me permite moverme con más sensatez por el mundo material. Si lo más sensato es alejarnos de una situación, decir que no, distanciarnos de alguien, si lo hacemos con bondad lo llevaremos a cabo mucho mejor.

Ser capaz de alejarte de una situación sin reaccionar es mucho más poderoso que gritar enajenado: «¡Nadie va a tratarme así!» Si pierdes los estribos lo único que conseguirás es que alguien *acabe* tratándote de ese modo, porque cuando te enfureces se abre una brecha entre tu personalidad actual y tu parte iluminada. La situación se repetirá, esta vez quizá con otro individuo de otra ciudad, hasta que aprendas a cerrar esa brecha. No podrás sacarte de la cabeza a la persona que no has perdonado. Como nos recuerda *Un curso de milagros,* el carcelero, al igual que el preso, no puede abandonar la prisión.

El perdón es un proceso y no significa que aquel a quien perdonemos tenga que ser necesariamente nuestro amigo, al menos durante un tiempo o para siempre. Si alguien me ha hecho a mí o a un ser querido algo horrendo, no me veo almorzando con ese tipo al cabo de poco. Si una mujer vive con un maltratador, tiene que dejar esa relación. El perdón no significa que el otro pueda saltarse a la torera los límites, la responsabilidad de lo ocurrido o la ley, o cometer fechorías impunemente, sino que hay un modo de recuperar la serenidad en nuestro corazón, por mal que alguien se haya comportado. Lo cual es de por sí un milagro.

Un joven con sida al que conocía me dijo en una ocasión: «¿Te refieres a que debo perdonar a *todo el mundo*?» Recuerdo que me eché a reír y le respondí: «Pues no lo sé. ¿Tienes un catarro o el sida? Porque, si solo tienes un catarro, puedes darte el lujo de perdonar a unas pocas personas. Pero si no es así, es mejor que te plantees tomarte toda la medicina».

Si tenemos en cuenta todas las personas que hemos conocido y que conocemos, es chocante la cantidad de pensamientos censuradores que albergamos sobre ellas. Cuando perdonamos a los demás y dejamos atrás lo sucedido, nos sacamos un gran peso de encima.

> *Dios mío, estoy dispuesto a ver al prójimo*
> *con otros ojos, pese a lo que me ha hecho.*
> *Libéralo de la espada de mi censura*
> *para que yo también me libere de ella.*
> *Muéstrame su inocencia*
> *para que los dos nos liberemos.*
> *Lléname la mente con el espíritu del perdón.*
> *Ábreme los ojos para que vea*
> *que solo el amor es real.*
> *Que pueda ver a través de este velo*
> *la luz que brilla tras él.*
> *Sáname el corazón con tu amor.*
> *Amén.*

Libérate del pasado

No se puede negar que hay maldad en el mundo. El perdón no consiste en minimizar la realidad de la maldad ni en aconsejar despreocupadamente que veamos algo terrible de color rosa y simulemos que no ha ocurrido. El amor no nos destruye las neuronas ni nos reduce el cociente intelectual. A la vez que reconocemos la maldad sufrida, vemos la inutilidad de la cólera y de la falta de autodominio en los raptos de ira.

Dios no necesita que seamos los policías del universo. Nuestra rabia y amargura solo entorpece Sus milagros. El universo espiritual se corrige a sí mismo. Sea lo que sea lo que alguien pueda haberte hecho, Dios tiene un plan misterioso con el que programa tu futuro para que sea mejor. Lo único que puede impedir que el amor fluya milagrosamente a la puerta de tu casa no es lo que te hayan hecho, sino la ira que sientes hacia quienes te lo han hecho.

Un curso de milagros nos pregunta si preferimos tener la razón o ser felices. Perdonar a alguien no significa consentir algo que creemos que es intolerable, simplemente nos liberamos del sufrimiento enorme de sus efectos. Perdonamos el pasado para liberarnos de él.

Mi amiga Naomi Warren pasó dos años de su vida, de los veintiuno a los veintitrés, en Auschwitz. Me contó que, cuando la soltaron, pensó: «Hitler ya me ha robado dos años de mi vida. No pienso regalarle un solo día más». El hecho de que una persona que ha sufrido las atrocidades de un campo de concentración nazi, además de haber sobrevivido a él, consiga progresar en la vida demuestra la gran capacidad autocurativa de la psique. He conocido a otras personas como Naomi que vivieron experiencias tan horrorosas que la mayoría de la gente se habría quedado destrozada de estar en su piel, desde el asesinato de un hijo hasta abusos sexuales aborrecibles en la niñez. Todas ellas son faros de posibilidades y ha sido un honor para mí conocerlas, encarnan el milagro de la especialidad de Dios de llevar la luz a la oscuridad más absoluta. Nos demuestran una conciencia sagrada en acción, nos inspiran a los que intentamos salir a flote en la vida a ver que nuestros problemas son insignificantes en comparación. Si la gente que ha sufrido la maldad más abyecta es capaz de seguir adelante, los que nos enfrentamos a situaciones menos terribles también podemos encontrar la fuerza para progresar en la vida.

Perdonarse a uno mismo

En la vida hay momentos en los que lo más difícil es perdonarnos a nosotros mismos. *Un curso de milagros* dice que pagamos un precio muy alto por negarnos a asumir que somos los responsables de nuestra experiencia: el precio de no ser capaces de cambiarla. *Sentirnos fatal* por haber actuado mal es el signo de una personalidad sana. Cuando la gente nos dice: «Tú nunca cometes errores», pero sabemos que los hemos cometido, su consejo, por más bien intencionado que sea, no nos ayuda en lo más mínimo. Es importante aceptar nuestros errores para poder aprender de ellos.

Quizá *sí* que hemos metido la pata. A lo mejor nos hemos comportado temerariamente como unos irresponsables. Quizás hemos hecho algo atroz. Tal vez veamos que una situación se estropeó en parte por nuestros propios errores y que ahora estamos sufriendo los paroxismos del autodesprecio. Al ego esto ya le va bien, porque tanto le da a quién ataquemos mientras ataquemos a alguien. Su primera respuesta a nuestros errores del pasado es negarse a aceptarlos, pero si esta treta no le funciona hace que nos maltratemos a nosotros mismos. El ego es el que nos lleva a actuar mal, y luego nos castiga salvajemente por haberlo hecho.

Cuando sabemos en nuestro corazón que hemos cometido un error, lo más importante es observar con los ojos bien abiertos, aunque estén empañados de lágrimas, lo que hicimos exactamente y por qué lo hicimos. Es muy importante admitir nuestros errores si de verdad los hemos cometido. Tal vez acabemos sintiéndonos mal, pero es una buena señal, porque solo los psicópatas carecen de escrúpulos. Minimizar nuestro pesar, evadirnos del cargo de conciencia, quitarle importancia a nuestro arrepentimiento, no es el camino a la iluminación. Es uno de los aspectos de la vida en el que lo más adecuado es sentirnos mal por lo que hemos hecho. Los adultos asumen sus propios errores y maduran gracias a ellos.

Y cuando observemos con sinceridad la oscuridad en nuestro corazón nos sorprenderemos de lo que veremos. Descubriremos que nuestros errores, nuestros defectos de carácter, no son más que los mecanismos de defensa del niño asustado que aún vive en nuestro interior. Nos tienen que haber hecho mucho daño en la vida como para haber tramado un modo tan disfuncional de afrontar las cosas. Tras un corazón ennegrecido hay un corazón frágil... en todas las personas.

Dios quiere que velemos por nosotros mismos y por los demás como Él hace. Dios es amor y nos creó a su imagen y semejanza. Un Dios airado no es más que la creación ficticia del ego, creada a *su* imagen y semejanza. Pero esto no cambia quién es Dios de verdad o cómo Él obra. Dios ve nuestros errores con misericordia, no con ira.

Dios desea que seamos tan misericordiosos con nosotros mismos y con el prójimo como Él lo es con nosotros. Es igual de blasfemo atacarse a uno mismo como atacar a los demás. Siempre que cometemos un error, cuando descargamos en el mundo una versión que no concuerda con quienes realmente somos, no significa que hayamos dejado de ser quienes somos, simplemente hemos decidido no expresarlo. De no habérsenos cruzado los cables, habríamos actuado de otra forma, mostrando nuestro amor en ese momento y colmando al mismo tiempo nuestras necesidades. El día en que cometo mis peores errores no me levanto por la mañana diciéndome: «¡Hoy creo que voy a ser una cretina!» Al contrario, cuando me equivoco me siento terriblemente confundida, como le pasa a cualquier otra persona que haya actuado empujada por el miedo.

Tras haber cometido un error, es sano sentir remordimientos, pero sin regodearnos en el sentimiento de culpa ni en la autocensura. Dios no nos pide que nos machaquemos, sino que aceptemos nuestros errores y nos dirijamos a tierras más elevadas. El ego es el único que quiere llevarnos a las tierras del odio hacia uno mismo. El único antídoto para no odiarnos es respetarnos a nosotros mismos, y este sentimiento solo surge cuando sabemos que estamos haciendo todo lo posible por ser mejores personas.

Todos hemos hecho algo en la vida que desearíamos no haber hecho y hemos vivido situaciones que nos hacen encoger de vergüenza al recordarlas. La respuesta del ego a un error del pasado es encarcelarnos psicológicamente, hace que nos maltratemos emocionalmente. En cambio, la respuesta de Dios es la liberación psicológica mediante el poder de la Expiación.

La Expiación es un cambio en nuestra percepción. Es uno de los mayores regalos de Dios. Expresado en la práctica católica de la confesión, en el Día judío de la Expiación o Yom Kippur, y en el valiente balance moral y la corrección de los errores de Alcohólicos Anónimos, el principio de la Expiación es el botón cósmico de reinicio que nos permite liberarnos de lo que de lo contrario serían las consecuencias negativas de una acción desacertada. En cuanto corregimos un error, deja de generar consecuencias kármicas.

Dios no ve nuestros distanciamientos del amor como pecados que castigar, sino como errores que corregir. Como se dice en *Un curso de milagros*: «Todos nuestros pecados se purifican al comprender que no han sido más que errores».

Dios mío, sé que he obrado mal.
Dejo esta situación en tus manos
y observo con lucidez cuanto he hecho
o he dejado de hacer que me ha alejado del amor.
Tras haber tomado una mala decisión,
ahora tomo otra distinta.
Dios mío, condúceme por el buen camino.
Llévate mis sentimientos de culpa
y haz que sea mejor persona.
Que siempre me dedique con más energía
a obrar acertadamente.
Libera a los demás de las consecuencias
de cualquier error que haya cometido.
Y libérame a mí también.
Amén.

Misericordia, misericordia

Imagínate que tu vida es como un ordenador. En él hay siempre un archivo indestructible a tu alcance llamado «La Voluntad de Dios», que significa literalmente «Pensamiento de Amor». Puedes abrir el archivo siempre que lo desees. De ti depende si decides o no hacerlo.

El nuestro es, sin duda, un mundo donde el archivo del amor infinito e incondicional no se abre lo bastante. Lo que solemos abrir es la energía de nuestra parte rota, torturada y asustada, por lo que manifestamos la violencia sutil y la no tan sutil que hay en nuestro corazón. De ahí es de donde proviene la conciencia de la raza humana y el estado del mundo en el que vivimos.

Pero, aunque no elijamos el amor, este es indestructible. Cuando cualquier persona expresa miedo en lugar de amor, el amor que *podía* haber expresado sigue a buen recaudo en la Mente de Dios. Según *Un curso de milagros,* cualquier milagro que hayamos entorpecido ocurrirá en cuanto estemos preparados para recibirlo. La Expiación nos permite reclamar cualquier cosa buena que nos hayamos negado. Las situaciones auspiciosas volverán, devolviéndonos «los años que comió la langosta».[1]

Lo que el ego nos roba, Dios nos lo devuelve.

Al ver que las oportunidades vuelven después de habernos arrepentido de verdad, entrevemos la misericordia de Dios. «Misericordia» es una palabra que apenas significa nada hasta que la vivimos de primera mano. En cuanto la vivimos, ya no volvemos a ser los mismos. Nos quedamos maravillados de cómo el universo se reorganiza a sí mismo para darnos otra oportunidad.

El concepto antiguo de santuario religioso entrañaba que pese al delito que alguien hubiera cometido, si esa persona conseguía poner

---

1. Frase bíblica procedente de Joel, 2:25. En esta parte, Yavé, llenándose de celo por su tierra, perdona a su pueblo y le responde que les devolverá el trigo, el mosto y el aceite, y les compensará los años de plagas vividos para que puedan comer hasta la saciedad. *(N. de la T.)*

los pies en una iglesia o en cualquier otro espacio sagrado e imploraba «Misericordia», no la podían arrestar. Se creía que en ese momento fluía con el poder de Dios hasta tal punto que no se le podía juzgar. Aunque en la actualidad son muy pocas las personas que lo considerarían un buen sistema en la aplicación de la ley, el principio espiritual que entrañaba es muy importante para las relaciones personales.

Dios no considera que seamos infalibles. Siendo tan poco sana la forma de pensar del mundo, es casi inaudito que no cometamos errores de mayor envergadura con más frecuencia. La arrogancia del ego es lo único que nos hace creer que somos incapaces de errar. Todos estamos creciendo interiormente y damos traspiés a veces. Cualquier cosa puede llevarnos a un milagro y en ocasiones el hecho de *dar* un traspié nos hace ser luego mejores personas. Ser objeto de la misericordia de Dios hace aumentar, entre otras cosas, nuestra misericordia hacia el prójimo. Haberla experimentado nos hará más misericordiosos. Por ejemplo, una vez me descubrí juzgando a una joven de irresponsable por malgastar su energía sexual aquí y allá, y de pronto me dije: «¡Uy, Marianne, si ella es una *santa* en comparación a cómo eras tú a su edad!»

El amor que Dios siente por nosotros es infinito. Nos ama a todos y a cada uno no por lo que hemos hecho o dejado de hacer, sino por ser quienes somos. Nos conoce porque nos ha creado, y la creación de Dios es inmutable. Sabe que nuestros errores solo ocurren en el reino de lo ilusorio. Está dispuesto a ofrecernos otra oportunidad seamos quienes seamos.

Años atrás reconocía fácilmente mis errores, pero volvía a tropezar con la misma piedra. Y entonces tenía que empezar de nuevo. Tras entrar varias veces en el círculo vicioso de arruinar mi vida y caer de rodillas arrepentida, un día me dije: «¡La próxima vez que te arrodilles, Marianne, no vuelvas a levantarte!»

A veces, solo decidimos dar un giro a nuestra vida después de haber cometido bastantes errores. La Expiación deja de ser simplemente algo que nos ayuda a sentirnos mejor. En cuanto el corazón se acostumbra a su poder, intentar experimentarla se convierte en un modo coherente de vivir.

El perdón no es solo un acto, es una actitud; no es solo una herramienta para las relaciones, es un estado mental. No es solo una actitud ante los demás, es una actitud ante la propia vida. El perdón es la corrección definitiva de la manera de percibir las cosas que disipa la oscuridad del mundo. Es una tintura de luz pura y sin adulterar.

El perdón como camino

El velo que separa este mundo del reino celestial es como una gasa de seda tan resistente como el titanio. Por un lado no es más que un pensamiento, pero por el otro cada pensamiento es poderoso. Los pensamientos de miedo y culpabilidad son un infierno en vida del que el perdón y el amor nos liberan.

Desde perder el trabajo injustamente hasta el fin de una relación, desde ser traicionados hasta ser victimizados, desde sentirnos abandonados hasta sentirnos oprimidos…, las situaciones se transforman y el sufrimiento que nos crean disminuye a medida que aprendemos a perdonar. Perdonar no siempre es fácil —a veces es un proceso—, pero siempre trae su recompensa.

Hay quienes sostienen que reinterpretar la vida a través de los ojos del amor no es más que verlo todo de color rosa. Sin embargo, «el efecto observador» en la ciencia sostiene que, cuando el observador cambia, lo observado también cambia. Si alguien nos dice que estamos actuando como Pollyanna[2] por ser demasiado optimistas,

---

2. La protagonista de una novela de Eleanor H. Porter, publicada en el año 1913. Pollyanna es una niña que al quedarse huérfana la envían a vivir con su estricta tía Polly. Siempre procura ver el lado bueno de las cosas para alegrarles la vida a todos los que la rodean. Su optimismo es tan inmenso que «Pollyanna» acabó convirtiéndose en una palabra en inglés para designar a una persona optimista infatigable. *(N. de la T.)*

debemos agradecerle el cumplido, porque la historia de esa niña es la de una obradora de milagros. Pollyanna no solo *vio* el amor del que eran capaces quienes la trataban con crueldad, sino que, además, lo *invocó*, por lo que acabaron cambiando de conducta.

El ego nos mantiene atados a la ilusión de que existimos dependiendo del mundo material, cuando, en realidad, el mundo no es más que la proyección de nuestros pensamientos. Más allá de este mundo existe otro más verdadero. A medida que percibimos más allá de los sentidos físicos para ver lo que sabemos que es cierto en nuestro corazón, somos transportados al mundo que yace más allá. Al mirar al otro lado del velo de lo físico, vivimos el milagro de liberarnos del sufrimiento del mundo.

Desde el punto de vista de la tridimensionalidad de nuestra experiencia terrenal, esta circunstancia o aquella otra existen o existieron. Pero cómo decidimos verlas es lo que en el fondo determina cómo nos afectarán. Perdonar es recordar que el amor es lo único real, que no existe nada más, y lo que no existe no puede vencernos. Cada instante que perdonamos, lo estamos recordando. Cada instante que perdonamos, somos conscientes de que el sufrimiento no es sino una ilusión. Cada instante que perdonamos, se empieza a secar una nueva lágrima.

Dios mío, te entrego mi dolor y mi desesperación.
Sé que sufro por estar viendo lo que no existe.
Sé que lloro por tener tan poca fe en Ti.
Te suplico que me abras la mente,
para que entienda, y que me abras los ojos
para que vea. Lleva la paz a mi alma,
Dios mío, y el perdón a mi corazón.
Amén.

7

El cielo de las relaciones, el infierno de las relaciones

Las relaciones difíciles pueden producirnos —mientras las mantenemos y cuando las perdemos— un sufrimiento horrendo. En este caso, como en cualquier otro, entender la realidad espiritual es el secreto para que la serenidad vuelva a nuestro corazón.

Cuando nuestros pensamientos están llenos de amor, estamos siendo nosotros mismos. La mente que ama plenamente es íntegra, o sagrada. Este es el origen de la felicidad.

Cuando somos rencorosos estamos usando la mente sin creatividad alguna o destructivamente. Lo cual la escinde en dos y crea una guerra interior. Este es el origen de la angustia mental.

Responsabilizarnos de la naturaleza de nuestros pensamientos es nuestro mayor poder para sanar nuestra vida. El sistema de pensamiento predominante en el mundo actual intenta continuamente que ataquemos a los demás, por lo que también nos estamos atacando a nosotros mismos. Pero, cuando le entregamos nuestra mente a Dios para que la use para sus propósitos, se vuelve la piedra sagrada de toque de otro modo de pensar y de ser. Nuestro objetivo en este mundo es ver cada momento como una oportunidad para amar. Es así cómo nos convertimos en obradores de milagros o en transformadores de la oscuridad en luz.

Cada día, a cada momento, estemos en una habitación con nuestra pareja o simplemente pensando en ella, nos enfrentamos a la decisión de si le desearemos lo mejor o de si la juzgaremos. Es chocante advertir los pensamientos que nos vienen a la cabeza. De los muchos miles de pensamientos que tenemos a diario, la mayoría son en cierto modo sobre lo que alguien está haciendo o hizo. Tanto si es uno inocuo en apariencia, como: «Ella debería haber metido el vaso sucio en el lavavajillas», u otro sumamente negativo, como: «¡Odio a ese cabrón!», una queja es una queja. Según *Un curso de milagros,* guardarle rencor a alguien por cualquier razón es atacarnos a nosotros mismos.

No pondremos fin a nuestra batalla interior acabando solo con algunas batallas. Al seguir un camino espiritual aspiramos a tener una actitud llena de amor hacia todo el mundo y no solo hacia algunas personas. No es una cuestión de cómo «debemos» pensar o actuar, sino simplemente de ver lo poderoso que es cada pensamiento.

Nos hemos dejado engañar por el mito de la neutralidad, por la idea de que basta con no desearle ningún mal a nadie. Pero, en realidad, los pensamientos neutros no existen. Aunque manejemos mal nuestro modo de pensar, su fuerza no disminuye por ello. Cada pensamiento es una causa que producirá un efecto.

A veces, cuando estoy en un aeropuerto, dirigiéndome a toda prisa junto a otros viajeros a una puerta de embarque o a otra para tomar un avión que me llevará a otra ciudad más, con el fin de repetir la misma rutina de dar una charla y firmar un libro, después vuelvo a casa agotada. Si mi mente solo fluye con esa realidad física, me siento agobiada y reventada.

O puedo de nuevo elegir. «Cambia de chip, Marianne», me digo a mí misma. Y entonces, en lugar de cerrarme intentando protegerme del ruido mental que me rodea, echo un vistazo a los viajeros del aeropuerto y les envío mi amor. Pienso en quiénes son, en lo que están haciendo, en que muchos deben de estar pasando por momentos difíciles. Algunos tal vez estén enfermos o de luto. Otros quizá se sientan estresados por su situación económica, su matrimonio o sus hijos. Entre ellos habrá personas buenas y nobles que hacen todo lo posible por llevar una vida decente. Cuando cambio de chip, empieza a fluir en mi corazón la compasión, la mejor medicina de todas. La vivencia de mi experiencia cambia. Lo que mi ego había interpretado como «un aeropuerto más» se convierte en un templo sagrado cuando tengo el extraordinario privilegio de intentar amar como Dios ama. Mi corazón, mi mente, incluso mi cuerpo se elevan por encima del ego mientras recuerdo la verdad de quién soy al recordar la verdad de quiénes son los demás. Una sonrisa de satisfacción ilumina de repente mi cara, alisando el ceño fruncido por el estrés.

El problema no es que cueste actuar así, sino que es una actitud *distinta* ante la vida. Aprender a usar la mente como receptáculo del amor va en contra de nuestros hábitos mentales. Pero es la única manera de liberarnos del sufrimiento de nuestro corazón.

Tal vez alguien podría alegar: «Todo esto es maravilloso, Marianne, pero en este momento tengo unos problemas más gordos con los que lidiar que dedicarme a desearle lo mejor a los desconocidos». Y todos estamos en la misma situación. Uno de los problemas de la tristeza, la depresión y la ansiedad es que son emociones que intentan aislarnos, si no en el sentido físico, al menos en el mental y el emocional. Pero, por más que suframos, elegimos amar. Por más lágrimas que hayamos hoy derramado, seguimos interesándonos por los demás con el corazón abierto. A decir verdad, probablemente hayan llorado tanto como nosotros. Cuando, llenos de compasión, somos conscientes de las dificultades que han vivido, el universo también vuelca toda su compasión en nosotros. Quién sabe lo que hay en el corazón de la gente, pero, en cuanto tenemos en cuenta que los demás son tan sensibles y han sufrido tanto como nosotros, nuestro corazón se anega de luz divina y ya no hay oscuridad alguna que nos impida progresar. Por más terrible que sea nuestro sufrimiento o dolor emocional, mientras no le cerremos el corazón a los demás brotará una vida nueva a nuestro alrededor.

Nada de esto es mera teoría, solo tiene sentido si lo llevamos a la práctica. Y así será. La próxima vez que estés haciendo cola en una tienda o en un restaurante, envíale en silencio desde el corazón paz y amor a las personas de tu alrededor. Tu energía, tu mirada, incluso lo que dices y cómo lo dices, cambiará. Y averigua si lo que has dado te vuelve o no. Quizás estés leyendo un libro como este, pero las palabras de un libro no pueden sustituir el poder de tu decisión de ver a los demás como hijos de Dios. La única iglesia, el único templo, el único altar que importa en el fondo es el lugar donde te encuentras ahora. Quizás estés en un aeropuerto, en un supermercado o en tu dormitorio. Si lo transformas en un lugar sagrado, recuperarás la paz.

La función de las relaciones

Según *Un curso de milagros,* las relaciones tienen una función espiritual en las que el Espíritu Santo une a los que tienen la mayor oportunidad de crecer anímicamente juntos. Por eso no es de extrañar que las relaciones no sean siempre un camino de rosas. Son como una lupa que nos permite ver lo que funciona o no en nuestro modo de relacionarnos con los demás. Cada situación de la vida es una relación en la que tanto nosotros como, a menudo, los demás vemos dónde podemos amar libremente y dónde estamos limitados por el miedo.

Si bien el ego sostendría que hay distintas clases de amor para distintas clases de relaciones, la base espiritual de las relaciones es la misma adopte la forma que adopte la relación. Ya seas mi socio en un negocio o un familiar, la pregunta es: ¿Me estoy relacionando contigo dejándome llevar por los rasgos de mi personalidad o te ofrezco el regalo de mi amor? ¿Estoy aquí para juzgarte o para perdonarte? Las respuestas determinarán lo que ocurra a continuación.

El ego ve a los demás desde un punto de vista transaccional, como un medio de satisfacer sus propias necesidades. En cambio el espíritu los ve desde la perspectiva relacional, buscando la forma de fomentar juntos el amor. Las relaciones son para el ego trampas cargadas de miedo, mientras que para el espíritu son encuentros sagrados. Lo último que el ego quiere que creamos es que las relaciones son fundamentales en el periplo espiritual. Pero lo son. Cada encuentro, sea importante o insignificante, es una oportunidad para alabar el amor. Cuando uso una relación para cumplir el propósito de Dios, lo más probable es que me traiga paz. Pero si la uso para satisfacer mis propias necesidades egoístas, lo más probable es que me haga sufrir.

¿Cómo podemos satisfacer en este caso nuestras necesidades, si nuestro único objetivo es amar? ¿Cómo establecemos estándares, llevamos a cabo lo que tenemos que hacer, albergamos expectativas racionales y no dejamos que la gente se aproveche de nosotros, si nos vemos en cualquier situación como obradores de milagros, como un conducto para el amor, como sirvientes de Dios?

La respuesta es: «Con mucha más facilidad». El milagro no ocurre a nivel corporal, tiene más que ver con lo que ocurre dentro que fuera de nosotros. La gente nota cuándo alguien le desea lo mejor o cuándo le está juzgando. Todos lo sabemos todo a nivel subconsciente.

Si yo al despertar por la mañana rezo por tu felicidad, medito sobre el hecho de que todos somos uno espiritualmente, establezco mi intención de ser hoy una encarnación del amor en tu vida y venzo la tentación de controlarte y juzgarte, en este caso tú lo *captarás*. Se dará la oportunidad para que nuestra relación sea una experiencia vital positiva. De lo contrario, será tal como el ego quiere que sea y tú también lo notarás.

A la hora de relacionarnos, sea con quien sea, lo principal es el *objetivo* con el que lo hacemos. El objetivo del ego en una relación es negar el amor, en cambio el del espíritu es ofrecerlo. El ego intenta servirse del mundo para alcanzar sus propios objetivos, en cambio el espíritu procura colaborar en él.

Seguro que te han preguntado un montón de veces, «¿Qué buscas en una relación?», en lugar de: «¿Qué es lo mejor que puedes aportarle a una relación?» Seguro que estás harto de que te digan: «¿Estás obteniendo lo que necesitas?» en lugar de: «¿Estás dándoselo todo a tu pareja?» *Un curso de milagros* afirma que lo único de lo que carece cualquier situación es de lo que no estamos ofreciendo. Es sorprendente nuestra costumbre de ver la paja en el ojo ajeno y no ver la viga en el nuestro. El ego taimado e insidioso llama a esta actitud «cuidar de uno mismo».

El ego ve todas las relaciones como una oportunidad para controlar el progreso espiritual de otra persona y nunca el suyo. Es como una hiena carroñera que busca la posible evidencia de la culpabilidad de otro para atacarlo, juzgarlo, criticarlo y acusarlo. Pero lo que quiere en el fondo es hacernos daño a nosotros mismos en lugar de hacérselo a los demás.

El ego nunca ve una razón para sentirse satisfecho con nadie. Nos incita astutamente a pensar y obrar de tal modo que desterremos el amor de nuestra vida, pese a nuestras protestas por estar deseándolo desesperadamente. «¡Solo quiero que cambies porque te *amo!*» Según *Un curso de milagros,* los dictados del ego son «búscalo, pero sin encontrarlo».

En un mundo donde el miedo predomina en la mente humana, cuesta lo suyo desarrollar a base de práctica la musculatura emocional del amor. Y, además, cuando alguien nos saca de quicio y nos pone el dedo en la llaga, todavía nos resulta más difícil. Por la mañana podemos ser unas personas encantadoras y lúcidas y por la tarde dejarnos arrastrar por un estallido de ira.

Y, por desgracia, en otras ocasiones fracasamos estrepitosamente en ello. Algunos de los juicios más rotundos y de los ataques más perniciosos los hacemos sin darnos cuenta siquiera. Le mandamos a alguien enfurecidos un mensaje de texto o un correo electrónico.

Soltamos cosas de las que luego nos arrepentimos. Tomamos decisiones que más tarde, al echar la vista atrás, nos parecen un autosabotaje en toda regla.

Por eso la práctica espiritual es tan importante. La herramienta más poderosa para triunfar en la vida, en cualquier ámbito, incluido el de las relaciones, es que nuestra mente sea el conducto para una forma correcta de pensar. Y solo lo conseguiremos entrenándola.

Hacemos pesas para desarrollar los músculos del cuerpo y ejercicios espirituales para desarrollar los músculos de la actitud. Lo primero nos permite movernos físicamente y lo segundo mantenernos en quietud internamente. Uno nos empodera por fuera y el otro, por dentro. Y ambos exigen esfuerzo.

Reservarte un rato cada mañana, aunque solo sean cinco minutos, para desarrollar los músculos de la actitud con cualquier técnica meditativa o de oración que te guste, para pensar motivado por el amor, es tremendamente útil. Al comenzar la jornada, antes de reunirte o interactuar con alguien, envíale tu amor de manera consciente y proactiva. Dite luego mentalmente, mientras te cruzas con los demás a lo largo del día: «El amor que hay en mí saluda al amor que hay en ti». En cualquier situación, entrégale a Dios cualquier juicio que te venga a la mente. Este tipo de práctica, además de darte paz, hará milagros en tu vida. En una habitación llena de luz la oscuridad no tiene cabida, al igual que en una mente llena de amor no hay cabida para el miedo. El secreto para atraer, mantener y curar las relaciones es llenarnos la mente de luz, entregarnos a Dios para que nos use de forma que seamos una bendición para cualquier persona con la que nos crucemos.

Considera afirmar estas verdades a diario:

1. No necesito a nadie para sentirme completo, ya lo soy como creación de Dios. *Hoy abordaré el mundo compartiendo con todas las personas con las que me cruce la abundante verdad de quien soy realmente.*

2. Mi función en la tierra es amar, perdonar y desearles lo mejor a todos los seres. *Cada persona con la que me cruce hoy será una oportunidad para actuar como representante del amor en la tierra.*
3. Lo que les doy a los demás, me lo doy a mí. Lo que les niego a los demás, me lo niego a mí. *Cualquier persona con la que me cruce me ofrece la oportunidad de ser más feliz haciendo más felices a los demás.*

Como se indica en *Un curso de milagros*: «la oración es el vehículo de los milagros». Considérala como uno de los elementos más poderosos de la caja de herramientas del obrador de milagros.

Dios mío, convierte mi vida
en un lugar sagrado no solo para mí,
sino también para aquellos con los que me cruce.
Que le desee lo mejor
a cualquier persona que entre en mi vida
y que ellas me lo deseen a mí.
Envíame a quienes
me hagan crecer interiormente.
Enséñame, Dios mío, a amar a mis semejantes
de tal modo que yo te sirva lo mejor posible.
Amén.

Atrayendo el amor

El universo obra deliberadamente, lo guía todo para que cualquier cosa manifieste su mayor potencial. Lo cual incluye no solo a las personas, sino también las relaciones. El amor siempre nos está buscando. El problema es que solemos escondernos de él alejándonos a toda prisa de la luz del amor para refugiarnos en la oscuridad de nuestra parte temerosa. No es el amor el que nos ha fallado, somos nosotros quienes lo hemos dejado de lado.

Un curso de milagros afirma que nuestra tarea no es buscar el amor, sino buscar todas las barreras que levantamos para entorpecer su llegada. Esas barreras, esos muros delante de nuestro corazón, son los lugares en los que le damos la espalda al amor. Hacemos diversas cosas para mantener el amor a raya, mostrándonos desde necesitados emocionalmente hasta controladores, desde deshonestos hasta manipuladores, desde demasiado fogosos hasta demasiado fríos, desde egocéntricos hasta asfixiantes. Estos defectos de carácter no tienen que ver con nuestros aspectos negativos, sino con nuestras heridas. Pero, sea cual sea la experiencia de la infancia que haya creado esos defectos, ahora somos responsables de ellos. Cuando nuestros puntos débiles salen a la luz, los demás no piensan: «¡Vaya, pobrecito, estás herido!», sino que exclaman en su interior: «¡Dios mío, sácame de aquí!», y es comprensible.

Así que una vez tras otra nos descubrimos echando a perder una relación con los amigos, los colegas, la familia o la pareja. Y de nuevo el único problema real es nuestra separación de Dios. El secreto para fomentar buenas relaciones con los demás es fomentar nuestra relación primordial con Dios, ya que es en ella donde desaparecen las partes del yo falso con las que las estropeamos. En mi relación con Dios radica mi relación con mi yo verdadero, y solo cuando fluyo con la verdad de quién soy puedo fluir con la verdad de quiénes son los demás.

Hospitales del alma

Recurrimos a las relaciones para curarnos no porque siempre saquen lo mejor de nosotros mismos, sino precisamente por lo contrario. Además de realzar nuestras virtudes, magnifican nuestros defectos. Y, en cierto modo, esta es su finalidad. No solo sacan a la luz nuestros puntos débiles, también nos dan la oportunidad de pulirlos. La curación es una especie de proceso de limpieza en el que primero aflora todo cuanto necesitamos expulsar del organismo. Lo que está enfermo en nuestro interior sale a la luz para que le prestemos atención, así veremos dónde nos han herido en el amor y podremos entregarle la herida a Dios.

Todos estamos solos, mucho más de lo que somos conscientes, porque nos sentimos separados de Dios. Y el ego, el que nos convence de que estamos separados de Él, nos ofrece una solución de lo más retorcida al asegurarnos que encontraremos a una persona especial que nos complementará y que entonces ya no nos sentiremos solos. Esta búsqueda de la salvación en la separación no hace más que aumentar nuestra desesperación.

La obsesión por encontrar lo que en *Un curso de milagros* se llama «una relación especial» es una de las armas más potentes del arsenal del ego. Nos obsesionamos con el amor romántico, entre otras razones, porque proyectamos la expectativa de que eliminará el dolor de nuestra desconexión del todo. Nos sentimos desconectados de Dios, de nosotros mismos, del planeta, de los otros seres vivos. Y, al sentirnos huérfanos, buscamos una relación que haga desaparecer todo nuestro dolor.

¡Vaya, no es poca la *presión*!

Sin embargo, la idea de mantener una relación especial y exclusiva es la búsqueda de la unidad en la separación. El objetivo de encontrar la plenitud en una persona no solo va en contra del principio de la iluminación, sino del de la intimidad. Ya que ¿acaso se puede dar mayor intimidad que la que compartimos unos con otros? La intimidad no es algo que podamos crear, solo podemos reconocer su presencia. Cuando nos demos cuenta de que somos una unidad con todos los seres —de que los demás no están fuera de uno—, los trataremos con la ternura y la autenticidad con la que nos gustaría que nos tratasen. Lo cual creará entonces... ¡la *intimidad*!

Mi ego decide que necesito que te comportes de una determinada manera para que *mi* mundo vaya sobre ruedas. Pero, bien mirado, lo que necesito es dejar de intentar controlar tu vida para que la mía vaya como yo quiero. Podemos dejar de intentar controlar las emociones, los pensamientos y los sentimientos de los demás. Dejar de planear su vida para que se ajuste a la nuestra. Y abandonar la idea de que encontraremos la felicidad en una persona o en algo exterior.

Cuando nos entregamos a Dios para colaborar en sus planes, la *relación especial* del ego se transforma en una relación sagrada. Lo que *Un curso de milagros* designa como una *relación sagrada* es un hospital para el alma, donde reconocemos que nuestros defectos saldrán a la luz en esa relación por una razón.

Si solo conociera a personas que sacasen lo mejor de mí, por más idílico que esto fuera, probablemente me quedarían lecciones por aprender en la vida. Las relaciones difíciles nos permiten percatarnos de las heridas de las que no somos conscientes y nos dan la oportunidad de cerrarlas, porque solo las *vemos* en esas circunstancias. Hasta ese momento, nos habían estado influyendo negativamente sin darnos cuenta.

Cuanto más cerca estemos de mantener una unión genuina, más probabilidades tendremos de que los defectos de un miembro u otro de la pareja —normalmente de ambos— se manifiesten de manera inconsciente. Uno dirá: «Siempre estás dependiendo de mí emocionalmente», y el otro: «Eres arrogante y egoísta». Aunque el ego busque la relación de pareja como un lugar en el que ocultar las heridas de uno, el Espíritu Santo la utiliza para sacarlas a la luz no con el fin de destruir la relación, sino para extraer todo su potencial. Cuando la comprensión, la compasión, la fe y el perdón están presentes en ambos miembros de la pareja, las heridas se curan.

A veces los dos miembros de la pareja, al entenderlo, transforman su relación en un encuentro sagrado y en un vehículo para el continuo crecimiento interior. Sabiendo que las heridas acabarán saliendo a la luz para que cicatricen, deciden amar a su pareja por más difícil que les resulte y hacer todo lo posible por perdonarse y comprenderse.

Ella le escucha, sabe que se ha mostrado necesitada emocionalmente y controladora, y se disculpa y corrige su comportamiento. Él la escucha, sabe que ha sido egoísta y desconsiderado, y le pide perdón y corrige su forma de actuar. A medida que los dos son cada vez más conscientes de sus propios defectos —mientras se disculpan, perdonan a su pareja, e intentan actuar mejor en el futuro—, el objetivo espiritual de la relación se va cumpliendo. Aquello que el ego ve como una razón para acabar con la relación, el espíritu lo ve como la razón por la que se unieron. En algunas ocasiones, en una relación la lección es observar lo que está ocurriendo y aprender de ello, y en otras ver que lo mejor es darla por terminada. Pero no podemos basarnos en ninguna señal exterior para saber si debemos hacer una cosa o la otra. Como ocurre con todo, la voz de Dios que escuchamos en nuestro interior es lo único fiable por lo que nos podemos guiar.

Lo importante no es si esta sabiduría suprema nos dice que sigamos con nuestra pareja o rompamos con ella, sino si usamos la experiencia para ensanchar nuestro corazón. Aunque nos indique que dejemos la relación, es crucial que lo hagamos con el mismo afecto que mostraríamos si decidiéramos seguir con ella. Ya que, de lo contrario, tarde o temprano acabaremos topándonos con una nueva pareja que nos ofrecerá la oportunidad de ver nuestra resistencia a amar y de curar nuestras heridas.

Un jardín bien cuidado

La mayoría de las personas saben que si compran un coche, aunque sea el mejor del mundo, tendrán que hacer una serie de cosas para mantenerlo en buen estado. Pero por alguna misteriosa razón no ven que las relaciones se deben también cuidar de la misma forma. Cualquier persona que esté en su sano juicio sabe que una relación profunda con otro ser humano es más valiosa que un *coche*, pero es chocante ver cómo la gente cuida mucho más sus «bienes» materiales que sus relaciones.

La forma más poderosa de cuidar una relación es dejarla en manos de Dios cada día. Entregársela a Dios no es solo un principio, es algo que *hacemos* en el sentido literal. A veces, al preguntarle a alguien: «¿Has rezado sobre este tema?», me responde: «Sé que está en manos de Dios». Pero yo no le he preguntado esto. No le he preguntado si está en manos de Dios (en el fondo, todo lo está), sino si lo ha *dejado* en Sus manos. Al fin y al cabo, todo acabará bien, pero de nosotros depende el tiempo que nos lleve. Por medio de la oración invitamos al Espíritu Santo a entrar en nuestra mente y a readaptar nuestro modo de pensar para que todo acabe bien, no solo en el reino supremo, sino en este preciso instante de la realidad de la vida cotidiana.

Dios mío, haz que yo sea una bendición
para mi pareja y que ella
sea una bendición para mí.
Cúranos las heridas y disipa
nuestra resistencia a amar.
Eleva nuestra relación al perfecto estado divino,
por encima y más allá de muros divisorios.
Que el perdón nos purifique el corazón
y la mente, que veamos solo la inocencia
en nosotros y los demás.
Que mi presencia en esta vida
contribuya a su felicidad,
y le sea de ayuda en su camino.
Que nuestra unión constituya un vínculo
sagrado, y sirva a los planes que tienes,
Dios mío, para nosotros y el mundo,
y que haga felices a todos los seres vivos.
Amén.

Nadie es perfecto. Todos cometemos errores. Y en las relaciones íntimas es donde más erramos. A decir verdad, hasta que no veamos la parte oscura de nuestra pareja, no la conoceremos realmente. Y hasta que no se la hayamos perdonado, no sabremos lo que es amar de verdad.

Nuestras relaciones son templos de curación cuando dejamos que lo sean. La verdad última de cualquier relación es que dos hijos inocentes de Dios están buscando amar y ser amados. Los errores de nuestra pareja, al igual que los nuestros, son como toparnos con un muro que nos impide ver más allá de él. *Un curso de milagros* afirma que no debemos interpretar este tipo de situaciones como una falta de amor, sino como una llamada para el amor. Si juzgo a mi pareja por sus errores, no haré más que consolidarlos en mi mente y en la suya. Pero, si se los perdono, ambos tendremos la oportunidad de sentir el poder curativo del amor.

¿Acaso las batallas amorosas no nos asustan a todos? ¿Es que hay alguien que no haya sufrido por discordias conyugales? ¿Alguien que no esté añorando la calidez del amor? Por más que todos deseemos amar y ser amados, en un mundo tan herido como el nuestro cuesta a veces lo suyo lograrlo. Pero el único fracaso en el amor es dejar de creer en él. Un corazón roto no debe ser un corazón amargado. Y, aunque el amor pueda ausentarse por un tiempo de nuestra vida, nunca se extingue.

Cuando las relaciones cambian de forma

Las relaciones al nivel más profundo no pertenecen al cuerpo, pertenecen al espíritu, y en este sentido nunca terminan.

Lo esencial de una relación no está en su forma, está en su contenido, y que cambie de forma no significa que se haya acabado en absoluto. Incluso cuando nos separamos de alguien no llegamos en realidad a separarnos, porque las relaciones tienen que ver con la mente.

La relación de una pareja que se divorcie, por ejemplo, no «acaba», solo cambia de forma. Entender este punto de vista hace que una persona a la que le está costando una barbaridad renunciar a la forma anterior de la relación, no sufra tanto emocionalmente. Cuando nuestra pareja nos abandona a nuestro pesar, o cuando se va de este mundo y lloramos su muerte, sentimos un dolor demoledor. Pero entender la naturaleza eterna de las relaciones —y la naturaleza eterna del amor— le da paz incluso a un corazón atormentado.

A veces, cuando una relación cambia de forma, nos sentimos abandonados, traicionados, victimizados y destrozados. Pero el amor que llama a nuestra puerta solo se detiene si no le dejamos pasar. Por eso, rezar por la felicidad de nuestra antigua pareja es la forma más segura de transformar nuestros sentimientos. Repetir acerca de una pareja que ha decidido separarse, una y otra vez: «Te deseo lo mejor. Que seas feliz. Que te amen» es un bálsamo para el alma.

Quizás alguien sostenga: «¿Cómo voy a rezar por su felicidad si ahora le odio?» Pero si culpamos a nuestra pareja por habernos «abandonado», o nos negamos a respetar su decisión de tomar otro camino en la vida, estaremos atacándola a ella y atacándonos a nosotros mismos. Entorpeceremos el milagro que necesitamos en ese momento. Esta forma de pensar y el proceder que genera solo producirán el rechazo de nuestra pareja, por lo que se alejará más aún de nosotros. Y lo que es más importante, hará que nos cueste más seguir adelante, ya que nuestro corazón estará cerrado por la amargura en lugar de abierto a un nuevo amor. Cuando somos conscientes de que la relación solo ha cambiado de forma, somos capaces de dejar que nuestra pareja haga lo que necesita hacer y que vaya a donde necesita ir. Dependiendo de la decisión mental que tomemos, seremos víctimas o vencedores en el amor.

Dios mío, cura mi corazón destrozado.
Que solo vea lo que existe de verdad
y que no sienta el deseo de juzgar a mi pareja.
Pese a mis lágrimas, rezo para que sea feliz.
Le deseo lo mejor en su camino,
aunque le haya alejado de mí.
Purifica mi mente de todo pensamiento
de culpa para que ambos seamos libres.
Crea un sendero de luz para los dos.
Elimina los lazos que ya no tengan sentido
y refuerza los significativos.
Bendícele en todo cuanto haga
y bendíceme también a mí, Dios mío.
Amén.

Pérdidas afectivas, pérdidas materiales

Según *Un curso de milagros*, todo es una relación. Algunas veces mantenemos una relación con una persona y otras con un objeto, un lugar o incluso un sueño que queremos materializar. Estas relaciones también pueden romperse y reducirse a cenizas.

Conozco a gente que ha perdido todos los ahorros de su vida en una crisis económica, soldados que han perdido los miembros en una guerra, personas que han perdido la vista, el habla y el uso de sus manos y pies debido a una enfermedad o que han sido víctimas de abusos sexuales durante años. He conocido a gente tan hundida por la pérdida de un ser querido que apenas podía respirar. Sin embargo, también conozco a personas que superaron esas tragedias y sobrevivieron hasta gozar de una vida feliz.

Somos seres humanos, y como tales nos es imposible llevar una vida totalmente desapegada de las cosas terrenales. Pero aquello que pensamos en medio de la oscuridad determina la rapidez con la que nos llega la luz. En medio del dolor de una pérdida, los milagros ocurren al descubrir que, pese a las apariencias, la pérdida no es más que una ilusión. En el universo de Dios nada se pierde.

Solo la forma cambia y desaparece. El contenido es inmutable. Los ciclos de la vida y la muerte son interminables. Lo que es tuyo, lo es para siempre, y quien es tuyo también lo es para siempre. El universo está programado para que seas feliz y compensa automáticamente en el reino de lo espiritual cualquier reducción en el plano material. En un universo que se organiza y corrige a sí mismo, las fuerzas celestiales responden de inmediato a cualquier pérdida, puesto que ni tú ni tu mundo podéis sufrir reducción alguna. En lo más mínimo. El efluvio cambiante del mundo mortal no es más que una ilusión, pero tú no lo eres.

La muerte de un ser querido

Como el ego sostiene que la vida del cuerpo es la única que existe, interpretamos la muerte del cuerpo como el fin de la vida. Cuando un ser querido muere, nos quedamos destrozados al creer que nuestra relación con él se ha acabado. Recuerdo que, cuando mi madre falleció, me dije que no sabía que se pudiera sentir una tristeza tan espantosa.

Como he perdido a mis padres, a mi hermana y a mi mejor amiga de treinta años, he derramado muchas lágrimas por la muerte de seres queridos. He estado al lado de padres que tuvieron que decidir cuándo desconectaban a su hijo del respirador artificial. He acompañado en el sufrimiento a jóvenes que sabían que la enfermedad que les estaba destruyendo los mataría antes de la treintena. He hablado en funerales de personas asesinadas y he estado al lado de sus familias rotas de dolor. Conozco la realidad de la desolación por haberla vivido de primera mano y presenciado en el sufrimiento atroz de otras personas.

Según *Un curso de milagros* y muchas filosofías religiosas, la vida no acaba con la muerte del cuerpo físico. El nacimiento del cuerpo físico no es el comienzo, sino la continuación, y la muerte del cuerpo físico no es el final, sino una continuación. En el fondo, la muerte no existe porque los que viven en la Mente de Dios viven eternamente. El cuerpo es como un traje que nos quitamos cuando ya no lo necesitamos.

La fe no nos impide llorar la muerte de un ser querido, simplemente nos libera del alambre de púas que de lo contrario ceñiría nuestro corazón. Podemos echar de menos terriblemente a alguien y encontrar consuelo al saber que está vivo en otro plano de existencia. Cuando pienso en la familia en la que crecí, no pienso que mi padre, mi madre y mi hermana se hayan ido para siempre de este mundo y que solo quedamos mi hermano y yo. En su lugar, veo en mi mente una fotografía en la que ellos tres aparecen en el negativo y Peter y yo en la foto. Pero seguimos saliendo los cinco.

La muerte no pone fin a las relaciones que mantuvimos con los fallecidos. La vida es como un libro que no se acaba nunca: una encarnación física no es más que un capítulo del libro. En el siguiente capítulo, de la misma forma real, una persona sigue encarnada mientras que la otra vive en reinos invisibles. Lo que Dios ha unido, nadie ni nada —ni siquiera la muerte— lo puede separar.

A decir verdad, en medio del pesar las relaciones pueden incluso mejorar. Perdonar es más fácil cuando las viejas heridas se ven como insignificantes al echar la vista atrás. En cierta manera vemos a las personas con más claridad cuando han fallecido y quizás ellas también nos vean de la misma forma.

Cuando ahora pienso en mis padres, soy más consciente de los regalos que me ofrecieron y apenas me interesan las neurosis sin importancia características de la vida de cualquier familia. Me alegro de que ninguno de mis padres esté lidiando con las tribulaciones de una enfermedad o de la vejez. Cuando mi madre falleció me sentí como si una parte de mí se hubiera ido con ella y ni siquiera estaba segura de si yo seguía viva en este mundo. Ahora, en cambio, siento su presencia invisible como una constante bendición en mi vida.

Si estoy triste por la pérdida de un ser querido, cuando siento en el fondo que algún día lo volveré a ver —que no se ha ido más que a otro lugar, a otra dimensión en alguna parte, que sigue emitiendo una señal aunque mi aparato de radio no la capte— soy capaz de sobrellevar mi dolor con más facilidad. Encuentro la paz en algo que no es una simple remembranza, sino una realidad viva en mi corazón. Pero, si veo la muerte como un punto final en el que no existe ningún tipo de vida más allá, la pérdida de un ser querido es entonces como una losa en mi corazón. La intensidad de mi sufrimiento depende, por lo tanto, en gran medida de cómo interprete la experiencia.

He acabado confiando en el proceso del dolor en mi vida y en la de otras personas que he conocido. Las lágrimas contenidas son más peligrosas que las derramadas. Las lágrimas que vertemos nos curan, pero las que contenemos nos duelen. Entre otras cosas, no darnos permiso para sentir nuestra tristeza nos desensibiliza al dolor ajeno. Y esto nunca es positivo. Un tiempo de luto —de lamentos, lágrimas y sufrimiento— no tiene por qué ser señal de un problema. Simplemente, es señal de amor.

Nadie se escapa de la experiencia de su propia muerte y pocos son los que se libran de la de llorar la pérdida de un ser querido. Estas realidades forman parte de la vida. En las sociedades de antaño la gente estaba más familiarizada con la muerte porque la presenciaba a su alrededor. Si bien nos alegramos de que la medicina moderna haya alargado la esperanza de vida, hemos pagado un precio muy alto por haber relegado la muerte a un segundo plano. Sacarla de nuestros hogares e incluso de nuestra mente no es la solución, sobre todo cuando envejecemos. A fin de cuentas, parafraseando a Carl Gustav Jung: «Resistirse a ella es algo insano y anormal, pues deja a la segunda mitad de la vida sin objetivo». Lo que más nos hace sufrir no es la muerte en sí, sino nuestra forma errónea de verla, el miedo y la confusión que nos infunde.

Dios mío, en Tus manos dejo las lágrimas
derramadas por la muerte de mi ser querido.
Que descanse para siempre en Tus brazos
y esté en paz en su morada eterna.
Envíame tus ángeles para consolarme,
ábreme los ojos a la irrealidad de la muerte.
Úneme, Dios mío, mediante un lazo dorado
a su corazón. Pues sé que en tu amor
mi ser querido y yo seremos uno para siempre.
Amén.

A algunas personas lo que les acongoja es la realidad de su muerte inminente. Es un signo de madurez aceptar que un día también nos moriremos, relajándonos en el conocimiento eterno de que cuando abandonemos este mundo no nos estaremos yendo realmente de él, sino disolviéndonos en el espacio cósmico de Todo lo que Existe. *Un curso de milagros* afirma que un día nos daremos cuenta de que la muerte no es un castigo, sino una recompensa. Señala que un día evolucionaremos hasta el punto de que la muerte física ya no nos hará sufrir, porque sabremos que la muerte, en realidad, no existe.

Los que sienten en su corazón que tienen los días contados pueden recitar esta oración para sentir paz y consuelo:

Dios mío, llévate mi miedo a la muerte.
Te entrego el dolor de mi corazón.
Llévate mi sufrimiento y el de los seres queridos.
Ábreme los ojos para que vea
la luz más allá del velo.
Muéstrame la verdad de la vida eterna

para que no tema la muerte.
Vela por los que dejé atrás.
Reconfórtanos a todos.
Me aterra morir.
Dame serenidad de espíritu.
Amén.

8

Cambiándome a mí mismo, cambiando el mundo

Hace muchos años, durante una época de mi vida en la que estaba muy deprimida, solía notar una presencia extraña, como alguien sentado en el borde de mi cama a la madrugada. Esta presencia era una sombra alta y delgada sentada erguida ante mí en una gran quietud, perpendicular a mi cuerpo. Estaba allí, pero no era un ser físico. Y yo sabía quién era.

No puedo describir lo que significaba para mí aquella presencia. Nunca me dijo una palabra ni me dio mensaje alguno. Simplemente, estaba allí. Y no solo la percibía a mi lado por la noche a los pies de mi cama, durante el día también la sentía velando por mí.

Deprimida y sola, en aquella época me sentía fatal. Sabía que me había convertido en una persona un tanto patética. Me di cuenta de que la gente pensaba, mirándome con lástima: «Pobre Marianne». Mi prima me confesó años más tarde que durante aquel tiempo mi padre le dijo, con los ojos empañados: «No sé qué hacer con una hija tan afligida».

Y lo estaba. Sabía que había caído en un pozo y dudaba de que volviera a ser la misma de antes. En mi desesperación empecé a intentar negociar con Dios. *Si me ayudaba, si me sacaba de ese pozo y me devolvía la ilusión, me consagraría el resto de mi vida a Él. Sería lo que Él quería que fuera.*

Fueron transcurriendo los meses y poco a poco, pero con paso firme —con la ayuda de un psiquiatra excelente, el amor de mi familia y de mis amigos y, sin duda, el apoyo de Dios—, mi vida empezó a remontar. Recuerdo que un día, mientras estaba en el trabajo, sentí de nuevo aquella presencia que había estado a mi alrededor todos esos meses. Pero en esta ocasión, en lugar de reconfortarme, me agobió un poco.

Le dije en mi interior: «Mira, te agradezco mucho que hayas estado a mi lado tanto tiempo. Me has ayudado una barbaridad y te lo agradezco en el alma. Pero ahora ya puedo valerme por mí misma y seguro que tienes muchas otras personas por las que velar. Estoy perfectamente. Te lo agradezco vivamente y nunca olvidaré lo bueno que fuiste conmigo al apoyarme cuando más lo necesitaba».

Le estaba diciendo a Dios que ahora ya se podía ir.

Al cabo de varias semanas, mientras me encontraba en una fiesta, deambulando a solas por la mansión en la que se celebraba, entré en una habitación donde un grupito de hombres con esmoquin estaban charlando con una copa en la mano. Uno de ellos, volviéndose hacia mí, me miró. En aquel momento vi que estaba soñando despierta. El hombre era Jesús.

Me miró y sin una pizca de enojo, reproche ni amargura me dijo, sin más: «Creía que teníamos un trato».

Fue un momento decisivo. A partir de entonces emprendí mi viaje a un destino de lo más insólito. Cuando alguien me pregunta: «¿Cómo empezó tu carrera?», siempre pienso en aquella fiesta de muchos años atrás donde vi a Jesús.

Durante aquella época de mi vida me sentí como si mi cráneo fuera un jarrón antiguo de incalculable valor que me hubiera estallado, esparciéndose en miles de pedazos por el espacio exterior. Y esta vivencia fue la puerta a una nueva vida. A medida que mi cráneo se recomponía, me dio la sensación de que en mi cabeza había algo que antes no tenía.

Sí, en aquella época sufría una depresión de caballo, pero también viví una revelación espiritual. Al otro lado de aquella noche oscura del alma supe, vi y entendí cosas que nunca antes había sabido, visto o entendido. He conocido a otras personas que afirman haber sido objeto de transformaciones similares. A veces la vida nos obliga con contundencia a soltar un mundo para reconocer otro.

Cuando el sufrimiento nos despierta

Hasta la oscuridad más absoluta puede revelar la luz de Dios.

Hace varios años, asesinaron al hijo de veintiún años de mi amiga Teresa. No hay dolor más brutal que este, pero Teresa y su familia sobrellevaron su sufrimiento teniendo fe en la vida que les quedaba por delante. Varios años después de la tragedia, Teresa es ahora una activista que lucha por los derechos de las víctimas y una abogada especializada en derecho penitenciario que da charlas a los reclusos sobre la curación emocional entre víctimas y criminales. Me contó que su trabajo le ha dado sentido a su vida.

Si bien su ira hacia el asesino impenitente de su hijo le ha estado atormentando el alma y aún lo sigue haciendo, la oportunidad de hablar con otros asesinos que están en la cárcel ha aliviado su sufrimiento. Hablar con los que cumplen cadena perpetua por asesinato le ha permitido encontrar muchos corazones arrepentidos entre rejas, y las disculpas y los ofrecimientos de los reclusos para ayudarla en su labor han sido un bálsamo para su alma.

Un preso compartió con ella que ahora comprendía el alcance del dolor que había infligido a los padres de la víctima. «Por más tiempo que esté encerrado en la cárcel, me doy cuenta de que nunca les devolveré a su hija», le confesó.

Los profundos remordimientos del preso le hicieron pensar en la magnitud de su propia ira. Teresa me contó que indudablemente él era ahora más libre que ella, porque su gran arrepentimiento le había liberado, en cambio ella seguía siendo presa de su propia ira.

Teresa quiere perdonar al asesino de su hijo para ser libre, pero no es una tarea fácil. Los designios de Dios son inescrutables y Teresa afirma que su trabajo le ha ayudado a que las heridas de su corazón cicatricen. La experiencia de trabajar con presos le ha cambiado la vida y le ha hecho ver que en medio de la oscuridad más densa hay luz. Describe tanto su labor con ellos como su lucha por los derechos de las víctimas como un salvavidas: «Ahora siento que hay esperanza incluso ante la realidad de los actos violentos más horrendos y demoledores».

En quiénes elegimos convertirnos

Algunas de las figuras más célebres de la historia se transformaron de una forma sumamente positiva tras vivir episodios devastadores. Una de las historias más conmovedoras de este tipo es la vida de Franklin D. Roosevelt, el trigésimo segundo presidente de Estados Unidos.

De joven, Roosevelt era la encarnación misma de un triunfador. Alto y atractivo, brillante y rico, se había casado y tenía varios hijos. Su primo Theodore había sido presidente de Estados Unidos y la propia carrera política de Roosevelt parecía garantizarle que llegaría tan lejos como se propusiera llegar.

Un día de 1921, cuando pasaba las vacaciones en el hogar de su familia, situado junto a un lago en Canadá, Roosevelt fue a darse un baño. Al volver a la casa, a las pocas horas de haber estado nadando en el lago, empezó a sentirse destemplado. En cuestión de días los miembros se le entumecieron y a las pocas semanas le diagnosticaron una poliomielitis.

Sin embargo, en un sentido profundo esta tragedia no fue el final de su historia, sino el inicio. Roosevelt nunca volvería a caminar sin la ayuda de unas abrazaderas de hierro y de un bastón, pero del crisol de su dolor emergió como el ser que más ha aliviado el sufrimiento en el mundo en toda la historia.

Tres años después del diagnóstico, Roosevelt viajó a un balneario en Warm Springs, Georgia, conocido por sus manantiales naturales a treinta grados de temperatura. No solo sus aguas termales le mitigaron los dolores, sino que, además, la bondad de quienes conoció en él le subió los ánimos. Eran muy pocos los que habían oído hablar de los Roosevelt de Hyde Park, Nueva York. No eran conocedores de la fortuna de Franklin ni tampoco les importaba su poder. Para las personas que conoció en Warm Springs —la mayoría eran pobres—, se trataba de un paciente más, un hombre entristecido que necesitaba las aguas medicinales para aliviar sus dolores. Se preocuparon por él simplemente porque era un ser humano que compartía su aflicción. Gracias a esa experiencia, Roosevelt conoció a fondo la bondad de gente que de lo contrario nunca habría conocido.

Se trata de un tema común —de un arquetipo recurrente— en el viaje de la liberación del sufrimiento. La gente llega para ayudarnos en nuestras horas más oscuras, a menudo bajo las apariencias más extrañas. Alguien que quizá no habríamos nunca conocido, o respetado —y a quien mucho menos hubiéramos recurrido en busca de ayuda—, acaba ayudándonos de una forma decisiva en nuestra vida. La gente del destartalado balneario le ayudó a curarse como ningún doctor de las mejores instituciones médicas consiguió hacerlo. No todos los ángeles de Dios tienen rótulos en sus puertas anunciando que son ángeles. Nada nos hace ser más humildes que recibir ayuda de personas a las que nunca creímos tener que recurrir.

Años más tarde, cuando Roosevelt fue elegido presidente, se enfrentó al sufrimiento de millones de ciudadanos sumidos en la pobreza por el hundimiento de la bolsa de valores en 1929. Dado el ambiente socieconómico en el que creció, tal vez no habría acabado sintiendo la profunda compasión visceral que sintió por los millones de desempleados que luchaban para salir a flote durante la Gran Depresión. Era un hombre muy acaudalado, nacido en el seno de una familia riquísima, y con facilidad habría podido desentenderse emocionalmente de los que peor lo estaban pasando en aquella época. Estos no eran como los Roosevelt de Hyde Park, pero se parecían mucho a la gente que había conocido en Warm Springs y de la que había acabado dependiendo.

Ahora le tocaba a él ayudarles. El New Deal, un conjunto de programas sociales y económicos que ayudaron a millones de ciudadanos a superar el bache, se inspiró en su empatía por las dificultades que atravesaba el estadounidense medio en aquel tiempo. Roosevelt no era perfecto —muchos se quedaron fuera del círculo de su compasión—, pero alguien con menos empatía no habría puesto en marcha el New Deal ni quizá lo habría intentado siquiera. Mi propio padre creció en la pobreza y habló toda su vida con admiración de Roosevelt como el hombre que había salvado a su familia de la ruina. Hasta el día en que murió en 1995, si le preguntabas a quién había votado, siempre respondía lo mismo: «He votado a Roosevelt».

El sufrimiento le ayudó a Roosevelt a convertirse en el hombre que debía ser para aliviar el padecimiento de millones de ciudadanos. Cuando ocurren tragedias, no siempre podemos responder a «¿Por qué me ha pasado a mí?» Pero siempre podemos preguntarnos qué aspecto positivo nos traerá la experiencia.

No siempre podemos elegir si sufrir o no, pero podemos decidir si nuestro sufrimiento será o no en vano. Desde la persona que pierde la vista y luego se convierte en defensora de los invidentes hasta los padres que crean una fundación en memoria de un hijo fallecido, o el atleta que pierde sus miembros y funda más tarde una organización atlética para otros que han pasado por traumas parecidos, el secreto para trascender el sufrimiento es usarlo en beneficio de la vida de los demás.

Sería un error idealizar el sufrimiento, pero también sería un error minimizar su importancia en la formación del carácter. En palabras del poeta Khalil Gibran: «Del sufrimiento han surgido las almas más fuertes: los más grandes caracteres están cubiertos de cicatrices».

Muchas personas están tristes por cosas insignificantes, quizá *porque* no se permiten estarlo por las tragedias más importantes de la vida. El psicólogo suizo Carl Gustav Jung dijo: «La neurosis es siempre un sustituto del sufrimiento justificado». Al dejar que nuestro corazón se sienta desgarrado por situaciones de auténtico sufrimiento, tanto en nuestra vida como en la de los demás, curiosamente nos abrimos a las oportunidades más exquisitas para ser felices.

Nada nos hace más fuertes que haber salido airosos de los valles más profundos de la desesperación y coronado las cumbres más elevadas de la alegría, y nada nos hace progresar más que los ángeles recordándonos que no olvidemos a los que están escalando la montaña con nosotros. Tan pronto como llegamos a la cima, descubrimos que hemos dejado de llorar y lo que es incluso más importante, que ya no estamos solos.

En cuanto vemos que es imposible ser felices todos los días y a todas horas, aceptamos con más madurez los altibajos de la vida. Las cosas no siempre salen como queremos, no todo está bajo nuestro control y, ocurra lo que ocurra, la vida en la tierra es un viaje temporal. Cuando somos sinceros con nosotros mismos nos damos cuenta de que cada día pueden rompernos el corazón. Pero la alegría no se basa en confiar en que cada día irá como esperamos; a veces se basa en apreciar simplemente que hoy, en este día, todo está yendo bien. Los momentos duros nos ayudan, entre otras cosas, a agradecer más la vida cuando todo va sobre ruedas. Las pérdidas valiosas nos enseñan a ser mucho más felices con lo que nos queda. Aunque el sufrimiento nos deje marcados, de formas casi misteriosas también nos hace ser mejores personas. A veces, el hecho de que «ya no volveré a ser el mismo» no es tan malo como parece. Ya no serás la persona de antes, pero de ti depende en quién te conviertas ahora.

Dios mío, haz que mi vida sea hermosa.
Guíame e ilumíname en mi viaje
en medio de la oscuridad del mundo
para ser la luz que Tú eres.
Conviérteme en un conducto de bondad
para que ayude a transformar el mundo.
Lleva a mis pies a un viaje heroico
y mi corazón a un sendero iluminado.
Amén.

Madurez espiritual

Cuando el sufrimiento nos hace concluir que para dar con las respuestas definitivas debemos encontrar a Dios, lo siguiente que nos planteamos es: «¿Dónde puedo encontrarlo?»

En el siglo veintiuno las grandes historias religiosas han adquirido un aire moderno, se pueden aplicar de una forma más práctica de lo que la gente cree a los temas de la vida contemporánea. No están sujetas a los receptáculos inertes de las religiones institucionalizadas o de los meros objetivos académicos a los que solían estar relegadas. Nos permiten respirar la vitalidad de la relevancia inmediata y práctica en lugar de percibirla como una simple metáfora o concepto.

Para buscar la iluminación no es necesario ser sacerdote, monje, maestro o ninguna otra cosa especial. La llamada del alma es universal. No requiere creer algo en particular porque es una experiencia vital, una comprensión que empieza como una abstracción y que acaba llevando a lo que en *Un curso de milagros* se conoce como «un viaje sin distancia» de la cabeza al corazón.

La gente quiere conocer los cómos de la iluminación, como si bastara con dar unos pocos pasos fáciles para alcanzarla. Pero el perdón, la compasión, la purificación y la fe no siempre constituyen pasos fáciles, ni siquiera cuando vemos lo importantes que son.

La iluminación no es solo una colección de información metafísica; también implica practicarla, aplicarla y ser una encarnación del amor.

La finalidad de la religión no es simplemente contar historias, sino cambiarnos la vida. Y la experiencia religiosa no es más que esto: una *experiencia*. Esta experiencia solo tiene que ver con Dios cuando está abierta al amor. Y ningún grupo o institución puede monopolizar la verdad de Dios, pese a lo que digan y a los siglos que lo lleven diciendo.

La finalidad de la religión es ayudarnos a recuperar la conciencia del estado original, que es la inteligencia mística del universo. *Un curso de milagros* afirma que la religión y la psicoterapia son, en esencia, lo mismo. Usemos las palabras que usemos, la salvación se encuentra en la curación de la mente.

La iluminación se aplica tanto a la tierra como al cielo. En *Un curso de milagros* se indica que la frase bíblica «El cielo y la tierra pasarán» significa que con el tiempo dejarán de existir como dos estados separados. Los reinos de la experiencia práctica y la conciencia del estado original serán uno solo.

La iluminación no consiste en aprender, sino en *des*aprender. Es el proceso de probar y cometer errores multitud de veces hasta acabar rechazando la guía del ego y aceptar la del amor. Es a la vez la expansión de uno mismo y la disolución de un yo falso que se ha estado haciendo pasar por quienes somos. Siendo un estado de conciencia carente de ego, es en realidad nuestro estado natural del ser. Y, aunque son muy pocas las personas que puedan afirmar haberlo alcanzado permanentemente, la mayoría lo hemos experimentado en algunos momentos al sentirnos libres de amar y ser amados. Hasta no haber alcanzado la maestría de la iluminación, seguiremos cometiendo errores, dando traspiés y cayéndonos como todo el mundo. Pero podemos llegar a conseguir que los días buenos, los momentos felices, sean más la regla que la excepción. Y esto ya es un milagro en sí mismo.

La luz, según *Un curso de milagros,* significa «comprensión». La mente iluminada es la mente que comprende. Sabe que solo el amor es real y que no existe nada más. Sabe que lo ilusorio se desvanece en presencia del amor. Sabe que nosotros, y todo cuanto hay en nuestra vida, puede cambiar.

La iluminación y los milagros van de la mano, porque la mente libre del miedo es un receptáculo del amor, y la mente que es un receptáculo del amor hace milagros. Cuando la luz empieza a alborear en nuestra mente, las tinieblas de la noche más oscura desaparecen.

Los milagros ocurren

Cuando perdonamos, expiamos nuestros errores, pedimos perdón, asumimos nuestros fallos y somos compasivos, estamos siendo «bondadosos» y siguiendo al mismo tiempo las leyes inmutables del universo. Los principios espirituales se basan en leyes interiores de la conciencia que son tan fijas e inalterables como cualquier ley científica. Sabemos que guardarle rencor a alguien entorpecerá un milagro al igual que un libro caerá al suelo si lo soltamos de la mano.

Esto es en especial importante cuando estamos deprimidos porque es cuando más tienden a venirnos a la cabeza pensamientos desesperados y negativos. Pensamientos como «La vida ya no me volverá a sonreír» y «Ya no hay esperanzas», al igual que «Les odio por cómo me han tratado», son caminos tortuosos que entorpecen el fluir de los milagros.

Semana tras semana, durante más de treinta años, he estado dando charlas sobre cómo el amor hace milagros. A menudo, alguno de los asistentes rompe a llorar, intentando salir de las regiones de la desesperación, destrozado por la ruptura de una aventura amorosa, por el sufrimiento de un divorcio amargo, por el diagnóstico de una enfermedad grave, por estar arruinado económicamente, por intentar ser aceptado por un ser querido o aceptarse a sí mismo, por una adicción o por cualquier otro problema. Yo nunca les aconsejo que dejen de llorar. Después de pasar por lo que están pasando, es lo último que les diría. Pero, como otras personas me aconsejaron cuando yo estaba sufriendo, les recuerdo que Dios obra milagros. Y que sus milagros son inagotables.

Algunos momentos de la vida no son fáciles. Exigen un profundo trabajo interior y una gran fuerza emocional para superarlos. Significan tal vez aceptar lo que nos parece inaceptable, perdonar lo que nos parece imperdonable. O quizá requieren un desagradable examen de conciencia o decidir cambiar cosas que nunca nos habíamos imaginado. Nuestro espíritu no recupera el sosiego viendo con cierta lucidez un problema. No dejamos de sufrir por el simple hecho de captar uno o dos principios espirituales, sino más bien cuando los asimilamos y aplicamos a nuestra vida.

El trabajo espiritual *no* es una tarea fácil, no es como sustituir un remedio psicológico *profundo* con un parche. Es una andadura por lo que puede llegar a ser las profundidades de una jungla psíquica espesa y oscura, sabiendo que los monstruos nos acechan agazapados tras los árboles, pero que con la dedicación de un héroe saldremos victoriosos de la situación. La espiritualidad no está hecha para los pusilánimes, sino para los valientes.

El viaje espiritual nos obliga a meternos hasta el cuello en las ciénagas de nuestros miedos subconscientes para que los eliminemos. Parafraseando a Carl Gustav Jung: «Uno no se ilumina imaginando figuras de luz, sino sacando la oscuridad a la luz». El miedo y la negatividad ocultos en los recovecos de la mente tienen el poder de hacernos daño. Pero cuando afloran a la conciencia podemos entregárselos a Dios para que los transforme milagrosamente.

Mientras atravesamos momentos difíciles es comprensible que estemos deprimidos. Pero no tiene por qué significar que algo vaya *mal* en nuestra vida. Simplemente estamos haciendo nuestro trabajo interior, observamos algo que era necesario observar, nos ocupamos de algo que teníamos que solucionar. Es natural que nos sintamos tristes durante el proceso, porque estamos analizando aspectos que no son fáciles de afrontar, y cambiando de un modo que implica desnudarnos ante Dios y, a veces, también ante otras personas.

En ocasiones, debemos recorrer un camino duro para dejarlo atrás, pero la experiencia vital se transforma en un crisol sagrado cuando lo hacemos con Dios a nuestro lado.

La tradición mística y la verdad espiritual

El misticismo es el camino del corazón. No es una religión, es un río sagrado de los temas universales que corre por los grandes sistemas religiosos y espirituales del mundo. No nos propone una negociación externa para nuestra vida espiritual bajo la forma de un ser humano o de una institución, sino más bien la presencia de un sistema orientador inspirado en la divinidad que reside dentro de todos.

La conversión espiritual no es una doctrina o un dogma, es una forma distinta de ver las cosas. Cuando percibimos la luz que brilla más allá de la oscuridad del mundo, lo vemos todo con otros ojos. La luz espiritual es el campo trascendente de posibilidades infinitas que existen más allá de las circunstancias que el ego afirma que son inmutables. Así es cómo la verdad espiritual nos ilumina para sacarnos de la oscuridad. Nos devuelve la esperanza al realinear nuestros pensamientos con la idea de que en Dios todo es posible.

Pese a las terribles distorsiones de las verdades religiosas que el ego promulga tan arteramente, las grandes historias religiosas siguen siendo esenciales para esclarecer los misterios psicológicos. Las historias religiosas no son solo símbolos, son, además, códigos místicos. Cuando las entendemos metafóricamente, disipan el velo que ocultaba la luz bloqueada por el ego. Las grandes figuras religiosas de la historia revelan verdades comunes indudables.

Los principios universales, tanto si se expresan en el cristianismo como en Alcohólicos Anónimos, el judaísmo, *Un curso de milagros,* el islamismo, el budismo, el hinduismo o en cualquier otra fuente, son una mina de tesoros espirituales esperando a que la descubramos. En la actualidad, una generación de buscadores espirituales está intentando dar con esas verdades para que nos saquen del oscuro pantano en el que la historia humana se ha metido.

Las grandes tradiciones religiosas son interpretaciones espirituales del viaje heroico. Este viaje es nuestra búsqueda de sentido en un mundo donde suele imperar el sinsentido. El objetivo de una vida espiritual es alcanzar la paz interior al aplicar los principios del amor en el día a día. Estos principios son fuerzas invisibles que, llevados a la práctica, activan el poder ilimitado de cambiar nuestra vida.

Las grandes historias religiosas revelan una información relevante en cualquier época. Nos guían a través de la confusión de la existencia mortal a la claridad de la verdad espiritual. Hay una Verdad espiritual en mayúscula, expresada de muchas distintas formas y presentada a través de muchos distintos filtros, tanto seculares como religiosos. Como señala la canción convertida en todo un clásico compuesta por Cole Porter e interpretada por Frank Sinatra en 1943 y más tarde por U2 en el 2010, cada era tiene el derecho —y también la responsabilidad— de renovar su interpretación de los principios espirituales según su propia perspectiva y experiencia. En la tradición judía se dice que cada generación debe redescubrir por sí misma a Dios.

Lo que no cambia de una generación a otra es que la gente sigue sufriendo y busca dejar de sufrir. El sufrimiento está presente en el corazón de las grandes historias religiosas porque forma parte de la esencia de la experiencia humana. Las vidas del Buda, Moisés y Jesús son las tres que crearon estallidos de luz en la psique colectiva de la humanidad, en ellas el sufrimiento de la vida se presencia, vive y transforma. Desde la interpretación del sufrimiento que hace el Buda tras abandonar el hogar paterno para ser un asceta errante, hasta Moisés guiando a los israelitas para que dejaran de padecer en Egipto y Jesús sufriendo en la cruz, los tres señalan el sufrimiento del mundo y la manera de liberarnos de él.

Analizar al Buda, Moisés y Jesús desde la perspectiva de la mentalidad milagrosa añade una dimensión de comprensión a las verdades que revelan. Sus historias, su sufrimiento y la liberación que conlleva iluminan nuestra experiencia de la vida y expanden nuestro corazón.

Sufrir las pruebas y las tribulaciones del mundo o identificarnos con los que las padecen nos transforma espiritualmente. Las grandes figuras espirituales se han transformado mediante su propio sufrimiento y han enriquecido las siguientes eras con la iluminación divina. El Buda, Moisés o Jesús no solo adquirieron una cierta comprensión abstracta que más tarde nos transmitieron, sino que ocurrió algo mucho más profundo, puesto que captaron una información espiritual. Recibieron las verdades divinas no de manera abstracta, sino visceral, no solo a través del intelecto, sino de la experiencia, y se transformaron en conductos para transmitirlas a la mente de los demás.

Como todas las mentes están unidas y la propia mente es eterna, cuando cualquier persona, sea la que sea, en cualquier época alcanza un estado de conciencia en el que el mundo espiritual penetra el material, se crea la oportunidad para que cualquier otra persona, sea la que sea, alcance lo mismo en cualquier época. La conciencia de las grandes figuras religiosas es un túnel de perpetua energía —una puerta, un vórtice o sea como sea que prefiramos llamarlo— a través del cual los demás entran con más facilidad en el mismo estado más elevado de conciencia. Al igual que los mayores que han evolucionado en la vida, alcanzan un estado hacia el que todos nos dirigimos, y al haberlo hecho nuestro propio viaje se vuelve más alcanzable. La historia, la misión de las grandes figuras religiosas, se convierten, en una huella en nuestra propia psique que contiene el poder transformador para transformarnos al igual que les transformó a ellos.

No se nos pide que revivamos su sufrimiento, sino simplemente que aprendamos de él para que también personifiquemos los mensajes que recibieron.

Cuando estamos sufriendo —a merced de la ignorancia espiritual, siendo esclavos del ego, soportando una enfermedad física o una lesión o enfrentándonos a cualquier otra gran prueba—, la luz espiritual es la mano que Dios nos tiende para levantarnos. Los grandes maestros espirituales son luces que disipan la oscuridad de nuestra mente, escaleras de conciencia que nos sacan de las profundidades de nuestra desesperación. La experiencia religiosa —no solo seguir una doctrina o un dogma, sino tener un encuentro genuino con Dios cuando le llamamos a gritos en medio de nuestra impotencia y dolor— es una puerta abriéndose que nos permite abandonar el reino de la oscuridad espiritual.

No pretendo ensalzar el sufrimiento, sino reconocer simplemente que incluso en él Dios está *presente*. A menudo, aquello que marca el fin de una vida es simplemente el comienzo de otra nueva. A no ser que dejemos que el sufrimiento nos enseñe lo que *puede* enseñarnos —confiando de manera plena y absoluta en que el Amor de Dios es lo único que nos hará felices no solo en algunos aspectos de la vida, sino en todos—, nuestro sufrimiento no parecerá haber sido más que el resultado de un caos aleatorio sin ningún sentido trascendental. Como ocurre con cualquier otra cosa, tendrá el sentido que le demos. Amar es, ante todo, el objetivo de nuestra vida, hacer que la compasión por los otros seres sintientes encabece nuestra lista cuando nos planteamos por qué hemos venido a este mundo, por qué nos despertamos cada mañana, por qué hacemos lo que hacemos y por qué vamos adonde vamos. Cualquier otra cosa, en el fondo, carece de sentido y nunca será lo bastante poderosa como para extinguir nuestro sufrimiento o ser un medio para experimentar una paz verdadera. Tal vez no alcancemos, al menos en esta vida, la conciencia iluminada del Buda, de Moisés o de Jesús, pero el mero hecho de intentarlo hace que la vida valga la pena, nos libera del sufrimiento y convierte la felicidad en una meta alcanzable y esencial.

9

La luz del Buda

El Buda simplemente afirmaba que sus enseñanzas trataban sobre el sufrimiento, el origen del mismo y el camino que conduce al cese del sufrimiento. «Es todo cuanto enseño», decía. Enseñó que la vida es sufrimiento y que el único antídoto para el sufrimiento es una compasión infinita o la iluminación. La única forma de liberarnos del sufrimiento es identificarnos con el de los demás. El sufrimiento solo existe en nuestra vida para permitirnos ensanchar nuestro corazón al máximo.

El Buda, al que sus padres le pusieron como nombre Príncipe Siddharta, nació en el seno de una familia noble. Un famoso adivino auguró tras el nacimiento de Siddharta que llegaría a ser un gran rey conquistador o una gran figura religiosa. El padre de Siddharta, que veía en él a su sucesor, intentó que su hijo creciera aislado de las enseñanzas religiosas. Protegió los alrededores del palacio con un grueso muro para rodear a Siddharta solo de cosas placenteras, esperando mantenerlo con ese lujoso estilo de vida alejado de cualquier espectáculo de miseria para que no se sintiera inclinado a la vida religiosa. Durante su juventud Siddartha estuvo rodeado de todo lo que su padre creía que le haría feliz, desde la educación más exquisita hasta infinidad de placeres sensoriales, y permaneció recluido en los confines del palacio. A los veintinueve años apenas conocía algo, por no decir nada, de la vida humana salvo el opulento entorno donde vivía.

Pese a la abundancia de placeres mundanos de los que gozaba, Siddharta empezó a sentir un cierto desasosiego en su corazón. Notaba que le faltaba algo en la vida, pero no tenía idea de qué se trataba. Sabía que la vida era algo más que el ambiente fastuoso de la corte…, que necesitaba ver cosas que no había visto. Un día decidió iniciar una serie de salidas por el campo montado en su corcel para descubrir el mundo que se extendía más allá de los confines del muro del palacio.

Durante las salidas que hizo vio a un anciano, a un enfermo y a un cadáver. Por primera vez en su vida, presenció las realidades de la vejez, la enfermedad y la muerte. Esas experiencias le cambiaron profundamente. Al volver al palacio ya no veía las cosas de la misma manera. Se dio cuenta de que incluso los músicos y los bailarines, y todos los objetos lujosos con los que le habían rodeado para alejarlo de la existencia del sufrimiento, con el tiempo se deterioraban y se acababan convirtiendo en polvo. Cualquier otra forma de ver el mundo no era más que una ilusión. Incluso Rahula, el nombre del hijo que tuvo con una princesa y del que se separó al cabo de poco de nacer para llevar la vida de un asceta errante, significa 'atadura'. Siddharta estaba buscando algo que su antigua vida no podía darle.

En una de las salidas también vio a un asceta errante —alguien que había renunciado al mundo y que buscaba liberarse del miedo a la muerte y del sufrimiento. Y eligió esa senda. Decidió abandonar el palacio, se rasuró la cabeza y se cubrió con la ropa de un mendigo. Así fue cómo empezó su búsqueda de la iluminación.

El camino de Siddartha, como el de los demás, no fue fácil. Tuvo que soportar distintas clases de sufrimiento hasta llegar a ver el carácter ilusorio del mundo, como cuando durante sus esfuerzos por alcanzar la iluminación fue asediado por los demonios del yo ilusorio. Los dioses falsos de la mentalidad del ego —personificados en el budismo como el demonio Mara, que significa 'destrucción'— intentaron engañarlo, traicionarlo y aprisionarlo. Como nos ocurre a todos.

Pero Siddartha se mantuvo fiel al reconocimiento de lo eterno más allá de lo temporal, a la claridad más allá de la pasión y a la verdad más allá de la ilusión. La gran batalla mental lidiada en su interior entre las fuerzas de la verdad y de la falsedad se venera como un esfuerzo por alcanzar la iluminación mientras meditaba intensamente sentado bajo el árbol Bodhi (higuera). Aunque Mara lo torturó mentalmente, la misma tierra prometió ser testigo de la iluminación de Siddhartha y Mara fue al final vencido. Los ojos de Siddartha se abrieron a la verdadera naturaleza de la realidad y se convirtió en el Buda o el Despierto.

El Buda vio, experimentó y trascendió el sufrimiento. Descubrió que el apego al mundo era el origen del sufrimiento y que una compasión infinita era el secreto para trascenderlo. Las enseñanzas que surgieron de su experiencia iluminativa son un camino por el que miles de millones de almas han penetrado el velo de lo ilusorio que nos impide ver la realidad última, pues al recordar su viaje somos conscientes del nuestro. La iluminación del Buda es una puerta que nos permite trascender nuestro propio sufrimiento como él trascendió el suyo. El mundo es ahora un lugar infinitamente más hermoso gracias a la luz que el Buda nos trajo a él.

Las cuatro nobles verdades y el óctuple sendero

El viaje espiritual es una reinterpretación sutil del mundo, como si fuéramos sustituyendo un sistema operativo interior cada vez más obsoleto con los patrones mucho más sofisticados del pensamiento iluminado. Todo el sufrimiento surge de la actividad de la mente al apegarse a las ilusiones del mundo; solo una compasión infinita nos libera de esos apegos y nos da paz interior.

El budismo, al igual que *Un curso de milagros*, nos enseña que el mundo tridimensional es una ilusión inmensa. El mundo terrenal no es más que un velo que oculta una verdad más auténtica, y este velo no se disipa ignorándolo, sino observándolo con otros ojos.

Las cuatro nobles verdades budistas del óctuple sendero son directrices para liberarnos del sufrimiento, contienen los medios para la iluminación o la conciencia del estado original. «Seguir el sendero de la iluminación» y «rezar para que ocurra un milagro» es en esencia lo mismo.

Guardo recuerdos muy vívidos de dos momentos de mi vida en los que, sintiéndome desolada, recé para que ocurriera un milagro. En ambas ocasiones, a los pocos minutos de recitar la oración sucedió algo que cambió mi estado de ánimo. En ambos casos se me pidió, en medio de mi dolor, que hiciera algo por otra persona. Al principio pensé: «¡Oh, Dios mío, no puedo hacerlo!», pero de pronto vi que la petición era en realidad ¡la respuesta a *mi* oración! La oportunidad de hacer algo para alguien fue una oportunidad para dejar de estar *ensimismada*. Y funcionó. Cualquier pensamiento que anteponga nuestras propias necesidades a las de los demás es un pensamiento de separación y no nos conduce a la felicidad. Un camino espiritual en toda regla es la práctica de una entrega emocional constante al amor que reemplaza al miedo no simplemente en respuesta a una situación determinada, sino como una actitud hacia la vida. Este tipo de práctica hace que podamos soportar y transformar el sufrimiento cuando aparece en nuestra vida. Solo trascendemos los pensamientos y los sentimientos que nos amargan la vida humana cuando dejamos de aferrarnos a las ilusiones del mundo, a lo que el Buda llamó *maya*.

Las cuatro nobles verdades del buda, basadas en su propia experiencia iluminativa, consisten en que: (1) las cosas de este mundo solo nos harán felices temporalmente como máximo; (2) el sufrimiento viene de nuestro apego a las cosas de este mundo; (3) si dejamos de apegarnos a las cosas de este mundo nos liberaremos del sufrimiento, y (4) al seguir el óctuple sendero, o la Vía Media de la moderación que supone la huida de los extremos —no optando por la indulgencia con los sentidos ni por la automortificación—, nos liberaremos del sufrimiento. El óctuple sendero se compone de *la recta visión, la recta intención, la recta palabra, el recto obrar, el recto medio de vida, el recto esfuerzo, el recto mindfulness* y *la recta concentración*. No es pura teoría, sino el secreto para la paz interior.

Recta visión

El budismo afirma que la realidad última es lo único real que existe y que nuestro apego a lo que no es real nos hace sufrir. La vida es simplemente lo que es. No son las situaciones las que nos hacen sufrir, sino cómo las *percibimos.*

Alguien ha sido cruel con nosotros y por ello sufrimos, o al menos eso creemos. Pero, si solo el amor es real, la crueldad solamente existe en el reino de lo ilusorio. La *recta visión* significa que al ver que la personalidad mundana forma parte de esta ilusión, no tenemos por qué centrarnos solo en la personalidad de alguien que nos ha hecho sufrir. Gracias a la *recta visión* vemos la realidad verdadera que yace más allá de lo que captan nuestros sentidos físicos.

Por ejemplo, puedo decidir cerrar mi corazón porque alguien me hirió, pero mi sufrimiento no vendrá entonces de quien me ha cerrado su corazón, sino de mí misma por haberle cerrado el mío. No me puede hacer daño algo a cuya existencia no me apego. Algo que me niego a ver como real no me puede afectar.

Las palabras *discípulo* y *disciplina* comparten la misma raíz; exige disciplina centrarnos en lo que es esencialmente verdadero pese a las apariencias. La *recta visión* significa negarnos a defender una realidad que en el fondo no existe, aunque nuestros sentidos físicos insistan en que es real.

Nuestros ojos insisten en que un avión se va empequeñeciendo a medida que se aleja, pero es evidente que no es así. Nuestros sentidos físicos captan una realidad tridimensional que no es más que una alucinación terrenal. El viaje espiritual es un cambio en la mirada que va de lo exterior a lo interior a medida que percibimos la verdad más real que yace más allá del velo de la ilusión.

Dejar de apegarnos al universo nos permite verlo tal como es. En el budismo, este estado de desasimiento mental y emocional se conoce como nirvana. Es un estado de conciencia iluminada en el que el orden celestial reaparece, el karma se extingue y se da la paz interior.

En una ocasión, una revista publicó una historia sobre mí repleta de mentiras y falsedades embarazosas y me quedé destrozada. La noche en que la publicaron, vi a una famosa estrella de música pop en una cena y lo primero que me dijo fue: «Marianne, finge que estabas en Japón. Que ni siquiera lo has leído». Me dijo esas palabras con tanto énfasis y fuerza, que en ese momento vi que tenía una opción. Desde entonces he pensado en su consejo a menudo. A partir de ese día, a veces, cuando estoy a punto de malinterpretar una situación y de dejar que me venza, me digo a mí misma: «Marianne, finge que estabas en Japón».

Recta intención

El poder de la intención es ampliamente reconocido, pero es un poder que se puede usar tanto para los propósitos del espíritu como los del ego. Usado por el espíritu, es una herramienta para cocrear un mundo más afectuoso. Usado por el ego, es una herramienta para intentar simplemente obtener lo que creemos querer. Usar el poder de la mente para conseguir algo a fuerza de ponerle empeño no tiene por qué tener siempre que ver con el espíritu. Aquello que no fomenta el amor no fomenta el despliegue espiritual del universo, ya que el despliegue espiritual del universo es el amor y nada más.

La intención de la mente-ego es conseguir esto o aquello o hacer que ocurra esto o aquello otro. La *recta intención* es, en cambio, una vibración más elevada. Es la intención de que solo prevalezca el amor por todos los seres vivos.

El Buda habló tanto de la *recta intención* como de la *mala intención*. La *recta intención* significa la intención de ser un instrumento de curación, mientras que la mala intención significa ser un instrumento para causar daño. La neutralidad no es en este caso una opción. Cualquier pensamiento crea un efecto a algún nivel. Lo que no hacemos motivados por el amor lo estaremos haciendo motivados por el miedo.

En una situación tal vez nos digamos que obramos con la mejor de las intenciones porque no pretendíamos hacerle daño a alguien. Hoy día, cuando la gente hace daño a alguien suele decir a modo de *disculpa*: «No era mi intención herirte». Pero, según el Buda, no basta con *no intentar* hacer algo malo, sino que debemos *intentar* hacer algo bueno.

En cuanto aceptamos, aunque sea un poco, hasta qué punto cada pensamiento que tenemos afecta el campo vibratorio de nuestro alrededor, vemos que el universo registra incluso lo que no se ve ni se oye en el mundo. El documental *The True Cost* revela las horribles injusticias cometidas en las fábricas que abastecen a la industria textil de «ropa barata». En esas fábricas la gente trabaja en condiciones laborables terribles. El filme ilustra a la perfección el enigma de la intencionalidad. Cuando yo compro en una tienda de ropa barata unos tejanos de doce dólares que se han puesto de moda, sin duda, no estoy intentando hacer daño a nadie, solo pretendo encontrar unos tejanos modernos a buen precio. Pero después de ver el documental opté por una intención más elevada. En este caso, la *recta intención* significa no seguir comprando en grandes cadenas donde venden ropa barata a expensas de abastecerse de fábricas en el otro extremo del mundo en las que explotan a los trabajadores tratándolos poco más que como esclavos.

Desde la explotación y el maltrato sufrido por los obreros de fábricas en muchos países, y el trato cruel que reciben los animales, hasta incluso conducir a solas en lugar de compartir el coche con otros viajeros para ir al trabajo, el precepto búdico de la *recta intención* nos pide que seamos más conscientes de unas situaciones que la mayoría no nos habíamos planteado. A mí me ocurrió. Sin embargo, podemos intentar mejorar el mundo en cualquier sentido. El mero hecho de vivir en la sociedad moderna ya plantea continuos retos al concepto de la *recta intención*. El daño que les hacemos a los demás y el que *permitimos* que les hagan se suma al mal karma colectivo que estamos acumulando.

La *recta intención* es importante para entender cómo dejar de sufrir porque nos anima a replantearnos las causas de nuestro sufrimiento y también a encontrar una buena respuesta a él. Cuando sabemos distinguir entre una buena intención y una mala intención, cambiamos nuestra forma de afrontar el sufrimiento y de verlo en el mundo. Podemos *decidir* ser un instrumento del bien, incluso cuando menos nos apetezca serlo.

«¿Te refieres a que, ahora que mis problemas me están haciendo sufrir tanto, tengo encima que pensar en cómo mis actos afectan a los demás?» Si quieres dejar de sufrir, la respuesta es «sí».

Recta palabra

La *recta palabra* es un aspecto importante del estado de conciencia idóneo. Las palabras afectan de manera sutil y no tan sutil tanto al que las pronuncia como al que las escucha. Usar las palabras adecuadamente es primordial para transformar nuestro sufrimiento.

El Buda identificó cuatro aspectos fundamentales de la *recta palabra*: pronunciar palabras afectuosas, sinceras, bondadosas y bienintencionadas.

La *recta palabra* se aplica incluso a los diálogos que mantenemos con nosotros mismos. Todos necesitamos reflexionar sobre cosas y, aunque sea importante hacerlo, a veces podemos ser demasiado duros, maltratándonos sin darnos cuenta al decirnos en nuestra cabeza: «¡He sido un estúpido! ¡No sirvo para nada!» Este tipo de ataques personales son tan injuriosos como atacar a otra persona. Aunque es necesario procesar las decepciones de la vida, es mejor hacerlo en el espacio sagrado de un profesional de la salud mental, de un grupo de apoyo anónimo o con un amigo íntimo de confianza. Es importante procurar ser buenos con nosotros mismos y los demás, aunque intentemos ser sinceros. Con cada palabra que pronunciamos estamos generando pensamientos, y cada pensamiento crea una forma a algún nivel.

Como es natural, todos tenemos pensamientos negativos, pero la cuestión es asumirlos, observarlos y abandonarlos. El plan del ego para dejar de sufrir es proyectar la causa de su sufrimiento en los demás, pero esto nos impide superar la situación. No se trata de si es «correcto» o no tener sentimientos negativos, ¡claro que los tenemos! Lo esencial es cómo decidimos manejar nuestro poder personal. Las palabras tienen el poder tanto de curarnos como de lastimarnos.

Es un error creer que da lo mismo lo que digamos porque «No lo dije en serio» o «Él no se enterará». En este sentido es como si el universo tuviera oídos. Cada palabra pronunciada deja la huella de su poder, sea quien sea quien las escuche. Recuerdo que en mi infancia los niños nos decíamos unos a otros: «¡Retira lo que acabas de decir!» cuando alguno decía algo que no nos gustaba. Sabíamos instintivamente que las palabras son poderosas. Incluso hoy día solemos exclamar «¡No digas eso!» al oír a un amigo hacer un comentario negativo. Y es por una buena razón.

La *recta palabra* no tiene solo que ver con lo que decimos, sino con *cómo* lo decimos. Me han criticado por herir los sentimientos de otras personas con mi forma de hablar cuando mi intención no era ni por asomo herir a nadie. Creí estar exponiendo simplemente los hechos. Pero debemos observar atentamente la línea entre «compartir» y «atacar», ya que aquello que creemos expresar con franqueza puede parecerle duro a quien lo oye. Si nuestras palabras acarrean la energía de un ataque, da lo mismo si lo que decimos es *cierto* o no. Si atacamos verbalmente a alguien, estaremos actuando incorrectamente aunque llevemos razón. La afirmación de que la sinceridad sin compasión es una crueldad no podía ser más cierta.

La palabra *comunicación* viene de *communicare*, que en latín significa 'compartir', y si no compartimos algo, en tal caso no nos estaremos comunicando en lo más mínimo. Si quien nos escucha se siente atacado no tendrá la impresión de que estamos solo «compartiendo nuestra verdad». Como es lógico, nos cerrará su corazón poniéndose a la defensiva, sentirá que le cerramos el nuestro, por lo que cerrará también los oídos. No nos escuchará, solo estará resentido. Y el ciclo de violencia continuará.

Aprender a ser lo más sinceros y veraces posible, responsabilizándonos al mismo tiempo de crear un espacio en nuestro corazón en el que tengan cabida los demás, es esencial para la iluminación.

La *recta palabra* consiste también en reconocer el poder de permanecer en silencio. Parafraseando a Mahatma Gandhi: «Habla solo cuando tus palabras sean mejores que el silencio». Uno de los frutos de la meditación es saber mantener la mente serena y silenciosa, lo cual no es nada fácil en un mundo donde muchas personas carecen de autocontrol. El ego quiere decirlo, y además *ahora mismo*. ¡Quiere enviar ese mensaje de texto! ¡Ese correo electrónico! ¡Hacer esa llamada telefónica! ¡Soltar lo que piensa! Pero el hecho de tener un pensamiento, por más cierto que sea, no significa que debamos compartirlo, o hacerlo inmediatamente.

Si cuando nos hieren le entregamos nuestros sentimientos a Dios, seremos capaces de decidir si hablar o no. Si tenemos algo que decir, algo que refleje la mejor intención del mundo, Dios nos guiará no solo en lo que digamos, sino también en cómo lo digamos. Y esto es esencial para la comunicación.

Los cotilleos negativos son otro aspecto que tiene que ver con la *recta palabra*. Si a la persona de la que hablamos no le gusta lo que estamos diciendo de ella, significa probablemente que no deberíamos decirlo. Recuerdo que mi madre solía citar a Tambor exclamando en *Bambi*: «¡Si no tienes algo bonito que decir, no digas nada!» Como todas las mentes están unidas a nivel subconsciente, todos lo sabemos todo. Cualquier cosa que digamos de otra persona, esta lo sabrá a algún nivel. Cada palabra pronunciada —sobre nosotros, los demás o cualquier otra cosa— acarrea la fuerza del pensamiento del que emana. El refrán «A palabras necias, oídos sordos» no es del todo cierto. La violencia verbal sigue siendo violencia, y las palabras pueden ser muy hirientes.

Recto obrar

El *recto obrar* es la directriz para actuar solo de un modo que esté en armonía con el universo. Surge por sí solo de la realidad última de quiénes somos, es decir, de una compasión infinita.

Con demasiada frecuencia en el mundo moderno pensamos en lo que haremos teniendo solo en cuenta si conseguiremos o no lo que queremos. Pero el *recto obrar* es una llamada a actuar con una motivación más elevada. Hay cosas que debemos hacer porque es lo correcto y no porque vayamos a obtener una retribución a cambio o para que los demás nos aplaudan. Debemos hacerlo solo por estar esa acción en armonía con la integridad, la honestidad, la bondad y el amor.

Lo cual significa no matar, no robar y no mantener sexo con personas que estén vinculadas emocional o éticamente con otras. Nos proponemos ser sinceros, actuar impecablemente, respetar nuestros acuerdos. Cada causa tiene un efecto. Todo cuanto hagamos, nos lo harán a su vez a nosotros; y lo que les neguemos a los demás, nos lo negarán. No hay mayor llamada al *recto obrar* que la regla de oro: «No hagas a otros lo que no te gustaría que te hicieran. Porque de lo contrario esa persona o alguna otra te lo *acabará* haciendo».

Cuando estamos sufriendo, o cuando sentimos que necesitamos que ocurra algo en nuestra vida, podemos desear saltarnos el principio del *recto obrar*. Pero, cuando entendemos de verdad que cada acción provoca una reacción —tanto si alguien lo ve o se entera como si no—, comprendemos que si no obramos correctamente al final estaremos creándonos problemas.

A veces, si alguien nos pide que hagamos algo en concreto nos descubrimos pensando: «¡Oh, por el amor de Dios, si no tengo tiempo! ¡Si no tengo energía! ¡Si ya tengo bastantes problemas!» Hoy día también es muy habitual toparnos con personas que nos piden que nos planteemos si no «estamos dando demasiado». Pero nuestra respuesta siempre debe venir de lo que sentimos en nuestro corazón. Y el universo nos apoyará. Cuando abrimos el corazón, nuestra vida se expande; y cuando cerramos el corazón, nuestra vida se empequeñece.

El ego, o Mara, sostiene que el mérito está en eludir las responsabilidades, en salirnos con la nuestra como sea y en olvidarnos de la ética. Pero solo lo bueno fomenta lo bueno, e intentar con viveza obrar correctamente con los demás es la única forma de sentir que el universo está de nuestra parte. Cuando estamos deprimidos *no* es el momento de bajar la guardia en el sentido espiritual. Al seguir los principios espirituales, sobre todo en los momentos más dolorosos, estamos conspirando con el universo para que la vida nos vuelva a sonreír.

A veces el *recto obrar* significa pedirle perdón a la persona con la que menos nos apetece disculparnos. O ir a un lugar que detestamos con toda nuestra alma. Pero, si el corazón nos dice que «es lo correcto», no nos traerá más que beneficios. En nuestra sociedad impera la idea disfuncional de que solo tenemos que hacer algo *si nos gusta* o si creemos que nos recompensará a cambio con algo valioso. Este tipo de idea nace de la ignorancia espiritual y no puede estar más lejos de la verdad.

Darnos el permiso emocional para hacer lo que nos venga en gana no es ser libres, sino irresponsables. No nos libera, nos aprisiona. El *recto obrar* —procurar hacer lo correcto en todo momento— es el único camino a la iluminación porque sale del corazón.

Recto medio de vida

El *recto medio de vida* consiste en el principio de elegir una profesión correcta moralmente, es decir, en no ganarnos la vida haciendo daño a la gente ni a los animales porque de lo contrario entorpeceríamos nuestra propia experiencia iluminativa. En cuanto comprendemos que aquello a lo que nos dedicamos es un conducto para fomentar el amor en el mundo, intentamos elegir un medio de vida que esté en armonía con esta aspiración más elevada.

En la actualidad cuesta lo suyo respetar el principio del *recto medio de vida*. Nos preguntamos si debemos denunciar una práctica poco ética por parte de la empresa en la que trabajamos, pero nos da miedo que nos despidan y, además, nos decimos: «después de todo es un problema sin importancia». O tal vez cobremos en exceso por un servicio al ir cortos de dinero ese mes. O promovamos indirectamente la violencia al trabajar en un anuncio, un programa televisivo o una película con violencia gratuita. O vendamos un producto que en el fondo sabemos que no está a la altura de lo que promete.

Dada la falta de ética que a veces se da en la economía global actual —conglomerados corporativos colosales anteponiendo sus intereses económicos a corto plazo a la salud y el bienestar de la mayoría de habitantes del mundo y del propio planeta—, el tema del *recto medio de vida* tiene también su importancia colectiva. ¿Basta con que como individuos hagamos todo lo posible para obrar éticamente en nuestra profesión? ¿O debemos considerar el problema de mayor envergadura de un sistema económico que fomenta cada vez más que unos pocos saquen la mayor tajada económica posible a expensas de muchos?

Es fácil mirar para otro lado, creer que si no nos ganamos la vida haciendo daño a nadie directamente no cosecharemos las consecuencias negativas. Pero si apoyamos indirectamente negocios poco éticos ofreciendo, por ejemplo, nuestros servicios como profesionales estaremos quebrantando el principio del *recto medio de vida*. No hay principio más relevante en el óctuple sendero del Buda para el futuro de la humanidad que el que anima a los países desarrollados a plantearse el karma negativo que acumulan cuando los negocios están al servicio de la codicia y no del amor.

Buena parte del sufrimiento innecesario del mundo actual —desde los individuos que han sido excluidos del sistema de la economía global hasta las crisis provocadas por prácticas bancarias corruptas— está originado por un *medio de vida erróneo*, no necesariamente del nuestro, sino el del sistema del que formamos parte. Espiritualmente, no podemos darnos el lujo de mirar solo por lo nuestro en lo que respecta al dinero o a cualquier otra cosa. En una ocasión vi a un manifestante en un movimiento a favor de los okupas blandiendo una pancarta que ponía: «*En Wall Street deberían practicar el recto medio de vida*». Una verdad como un templo.

Saber simplemente que el *recto medio de vida* forma parte del óctuple sendero hace que nos impliquemos a fondo en la cuestión. Este es el gran regalo del budismo, al igual que el de cualquier otra enseñanza espiritual. No deja la espiritualidad «a un lado», apartada de la vida cotidiana. Si todos nos esforzamos un poco más en aplicar este principio con mayor coherencia en el día a día, nuestros problemas económicos empezarán a mejorar a pequeña y gran escala. El quebrantamiento de este principio es la causa de la gran cantidad de karma negativo que generamos en nuestra vida, como individuos y como sociedad. Empezar a tomarnos en serio la importancia de un *recto medio de vida* nos afectará positivamente a todos en gran medida.

Recto esfuerzo

El *recto esfuerzo* es el cultivo proactivo de la iluminación como el único antídoto para las obsesiones neuróticas de la mente-ego. La razón por la que queremos aplicarlo a nuestra vida es porque la mente es extremadamente poderosa en cualquier dirección en la que se centre. Una mente despreocupada que no está en armonía activamente con procurar pensar con rectitud acaba estando al servicio de un modo erróneo de pensar. Mara está siempre intentando derrotar al amor, esperando que bajemos la guardia para aprovecharse a la menor oportunidad.

Cuando estamos deprimidos, Mara se especializa en pensamientos y sentimientos negativos como los de victimización, desesperación, cinismo, ira, venganza, agresividad y censura. Cuesta lo suyo trascender esta clase de pensamientos, reconocerlos como las fuerzas del ego que son y procurar cambiar de chip. En los momentos bajos es más importante que nunca decidir aplicar el *recto esfuerzo* en nuestra vida por lo debilitante que es, sobre todo, la tristeza al quitarnos la energía. Mara se alimenta de la pereza, la dilación, la racionalización y la autocomplacencia.

Algunas veces el *recto esfuerzo* es pedirle perdón a alguien y otras empezar a pagar una deuda, limpiar el ambiente viciado de una relación, hacer más ejercicio, meditar más, leer con mayor frecuencia, colaborar como voluntario, escribir una nota de agradecimiento, tener un detalle con alguien que no creíamos poder tener por falta de tiempo, participar en nuestras responsabilidades como ciudadanos, hacer una donación para una buena causa, limpiar nuestra casa o llamar por teléfono a un amigo o a un familiar. En nuestro corazón solemos saber lo que debemos hacer. El *recto esfuerzo* significa, simplemente, decidir realizarlo.

En ocasiones, cuando el sufrimiento nos hace encoger de dolor, el *recto esfuerzo* consiste en levantarnos cada mañana y dar un paso y luego otro por más que nos cueste, para reunir la fe en que conseguiremos salir adelante otro día más. Lo cual es toda una hazaña. El universo captará cualquier *esfuerzo correcto* que hagamos para ser más compasivos con nosotros mismos y con los demás, y nos lo devolverá con creces. Cuando nos esforzamos por seguir los principios de la iluminación, el poder de la iluminación nos empodera.

Recto mindfulness

El mindfulness es una idea que se ha puesto de moda, se ha popularizado tanto que ha generado libros sobre todo tipo de temas, desde la crianza mindful de los hijos, hasta un trabajo mindful o un divorcio mindful. El mindfulness es, sin duda, el eje del periplo espiritual, ya que es el estado mental del que brota la compasión.

El *recto mindfulness* significa «conciencia correcta» o «atención correcta». Se refiere a disciplinar la mente para recordar lo eterno más allá de lo temporal, aceptando la realidad última más allá de las ilusiones del mundo. El *recto mindfulness* consiste en alcanzar un estado de conciencia más allá de los conceptos, los símbolos, las ilusiones y las falsas asociaciones de la mente mortal. Es la intersección de lo humano y lo divino, la alineación perfecta de la mente mortal con la Mente de Dios. En ese estado no sentimos el impulso de pensar o de obrar de manera indebida, somos invulnerables a la danza de la muerte de Mara, no hay ninguna voz histérica gritando en nuestra cabeza. La mente mindful es la mente íntegra o santa.

Hace poco visité Nueva Delhi. Iba a reunirme con alguien en el vestíbulo de un hotel, pero no sabía el aspecto que tenía porque solo nos habíamos comunicado por correo electrónico. El vestíbulo estaba bastante lleno de gente y había llegado tarde a la cita. Echando un vistazo a mi alrededor, empecé a ponerme nerviosa. Una joven encantadora que trabajaba en el hotel se acercó y me preguntó si podía serme de ayuda. Le expliqué que estaba bastante estresada dadas las circunstancias y que no sabía qué hacer. Me respondió que fuera a sentarme a un rincón del vestíbulo para recuperar la calma y que entonces seguro que vería claramente el siguiente paso que debía dar. Soltando unas risitas, me dije a mí misma: «Tiene toda la razón del mundo, Marianne. Debería habérsete ocurrido a ti».

Alcanzar el *recto mindfulness* puede llevar años de meditación y práctica diaria. A veces entramos en ese estado sin más, como un acto de gracia divina, en el momento más inesperado. Tanto si estamos intentando alcanzar el objetivo del *recto mindfulness* como si recordamos los momentos en los que lo logramos, el *recto mindfulness* brilla como un faro de posibilidades divinas para todos. El Buda lo alcanzó, y al seguir su camino estamos siguiendo la luz del faro que nos llevará también a la iluminación.

Recta concentración

La *recta concentración* es la focalización correcta de la mente. Al centrarla en lo verdadero, no solo superamos el sufrimiento sino que lo transformamos. Para aquietar las fuerzas del caos en nuestro interior debemos cultivar la quietud mental.

La meditación budista, al igual que *Un curso de milagros* y cualquier práctica espiritual seria, es una herramienta con la que la mente que sufre trasciende su agonía. Esta clase de prácticas adiestran a la mente a centrarse en el presente cuando está obsesionada con el pasado y el futuro, a centrarse en la compasión cuando el ego está obsesionado con la culpabilidad de otro, a centrarse en las realidades más profundas de la vida más allá de las ilusiones del mundo.

Un curso de milagros afirma que alcanzamos tan pocas cosas en nuestra vida porque la mente carece de disciplina. Somos demasiado tolerantes con el ego cuando le apetece dejarse llevar por pensamientos negativos y censuradores. El budismo usa la meditación para centrar la mente en lo que es realmente verdadero y disipar así lo que no lo es.

Un relato budista habla de un señor feudal que envió a sus vasallos a un monasterio para anunciar que se apoderaría de él y que todos los monjes debían abandonarlo inmediatamente. Pero uno se negó a irse. Cuando los vasallos se lo comunicaron a su señor, él les preguntó: «¿Le habéis dicho que si no me hacía caso le mataríamos?» Sus hombres le respondieron que, pese a haberle transmitido el mensaje, el monje había seguido meditando sentado sin inmutarse.

El señor feudal decidió irrumpir en el monasterio y comunicárselo en persona.

Blandiendo la espada, la arrimó al cuello del monje y gritó: «¿No sabes que puedo rajarte de arriba abajo?»

El monje, mirándole, respondió con gran calma: «¿Sabes que puedo dejar que lo hagas?»

El señor feudal, al oírlo, soltó la espada arrepentido y cayó de rodillas. Dándose cuenta de que se hallaba ante un maestro espiritual, dejó la vida violenta que llevaba y emprendió el viaje de su propia iluminación.

Mediante la *recta concentración* el monje había alcanzado un estado mental en el que el miedo no tenía cabida. Su práctica espiritual le había llevado a un estado más allá de la ilusión y del poder de la misma. Imperturbable ante la muerte, vivía en un estado invulnerable al miedo. Las fuerzas mundanas no tenían poder alguno sobre él. Su estado iluminado no le debilitaba en el mundo, sino que le fortalecía en él.

Este relato ilustra lo beneficiosa que es la práctica espiritual para la mente sufriente, pues cambia las rutas neurales del cerebro en cuanto a lo que nos hace sufrir. Armoniza el mundo terrenal con una verdad mayor cuando vemos las situaciones tal como son en lugar de hacerlo a través de los filtros mentales establecidos. El monje era, por lo visto, más poderoso que el señor feudal. Significa que, cuando la mente alcanza la recta concentración, somos más poderosos que el ego y, por lo tanto, más poderosos que nuestra tristeza y nuestro miedo.

La *recta concentración* nos recuerda que no basta con tener pensamientos positivos para que la mente deje de angustiarse. Desarrollar los músculos de la actitud exige la disciplina de una meditación dedicada. Una espiritualidad aguada y veleidosa no nos llevará a ninguna parte, pero la práctica de cultivar en serio un modo de pensar basado en el amor y la compasión no nos fallará. Tanto si la práctica meditativa es el budismo como la meditación trascendental, los ejercicios de *Un curso de milagros* o cualquier otro sistema, no hay herramienta más poderosa que concentrar la mente en lo real.

El budismo es un regalo único y valioso para el planeta, practicado por millones de personas durante miles de años. Las enseñanzas del Buda son, como práctica espiritual principal o complementaria, tan profundas como el océano más insondable y tan inconmensurables como el corazón pueda llegar a expandirse. La iluminación del Buda ha impulsado la evolución espiritual de la humanidad y sus enseñanzas aumentan nuestra comprensión —así como nuestra práctica— de cualquier otro sistema de verdad espiritual. Las cuatro nobles verdades y el óctuple sendero son poderosas directrices sobre cómo trascender la mente que sufre. El Buda es una luz que ha iluminado, y que sigue iluminando, miles de millones de noches oscuras.

10

La luz de Moisés

Generación tras generación, los judíos se reúnen cada año en la Pascua judía para leer la historia del Éxodo, el viaje de los israelitas de la esclavitud a la Tierra Prometida. La historia del Éxodo nunca cambia, pero nosotros sí que lo hacemos de un año a otro. Las grandes historias religiosas nos recuerdan lo que no cambia para poder movernos con más sabiduría por entre lo que sí cambia.

El judaísmo es sofisticado en el aspecto intelectual y profundo en el emocional. Al igual que en el islamismo, la teología de la religión está íntimamente entretejida con la historia de un pueblo. También como otras religiones, además de recomendar un estilo de vida en el mundo, nos ofrece un modo de sobrevivir a sus estragos. Los judíos conocen bien el sufrimiento humano, al igual que el odio, los prejuicios y la opresión. Y su experiencia del sufrimiento no está separada de su relación con Dios. El drama de los judíos no puede entenderse fuera del contexto del drama de un patrón histórico de rechazo, ni tampoco sin tener en cuenta la promesa eterna de Dios de salvarlos y llevarlos a la Tierra Prometida. Los judíos superan la prueba, la pauta histórica salta a la vista. Pero Dios siempre ha cumplido su promesa, y la relación que han desarrollado con Él lleva no solo a los judíos, sino al mundo entero, a un espacio de posibilidades que el ego solo puede alterar temporalmente. El mayor triunfo de los judíos es haber sobrevivido. Al lograrlo, han establecido un patrón de supervivencia psíquica —y de triunfo— que es un regalo para todo el mundo.

Cada año, durante la Pascua judía, los judíos vuelven a contar la historia de los israelitas que se liberan de la esclavitud en Egipto, su vagar por el desierto durante cuarenta años y su llegada a la Tierra Prometida.

Su Éxodo fue liderado por Moisés, una de las grandes figuras de la literatura religiosa (si existió o no como personaje histórico es una controversia fascinante, aunque en el fondo irrelevante). Las grandes religiones abrahámicas —el judaísmo, el islamismo y el cristianismo— ven en Moisés al mensajero universal e histórico de todos los tiempos.

Cuando Moisés nació, los judíos eran esclavos en Egipto. Según la tradición, los astrólogos egipcios le advirtieron al rey de Egipto que el liberador de los hijos de Israel nacería en un día determinado, aunque no pudieron concretarle si sería judío o egipcio. Para evitar cualquier posibilidad de que naciera semejante liberador, el faraón decretó que todos los niños varones nacidos ese día fueran ahogados en las aguas del Nilo.

Y en ese día nació Moisés. Al llegar al mundo, la casa donde nació se llenó de luz. La luz sería un tema recurrente a lo largo de su vida, desde la luz inundando la casa en el momento de su nacimiento hasta la zarza ardiente desde la que Dios le habló sobre la grandeza de su misión, y la luz que le iluminaba el rostro cuando bajó del monte Sinaí tras haber recibido las Tablas de la Ley o los Diez Mandamientos. Esa luz —símbolo de la comprensión espiritual— es la luz que llena cualquier mente, o cualquier ambiente, donde estén presentes los pensamientos de Dios. Moisés, como todos nosotros, nació enriquecido espiritualmente por la luz y protegido por ella. Solo la luz tiene el poder de disipar la oscuridad de la mentalidad del ego. Solo la comprensión espiritual puede salvarnos de la insensatez en nuestro interior y entre nosotros.

Jocabed, la madre de Moisés, se dio cuenta de que no podría esconder a su hijo de los soldados egipcios. Desolada y desesperada por salvarlo, metió al bebé en una cesta impermeable de papiro que había hecho con sus propias manos y la lanzó al Nilo. El niño descendió arrastrado por la corriente por entre los juncales de papiro que crecían en la ribera del Nilo.

No hay dolor más atroz que el de una madre separada de su hijo y todos nos hemos visto obligados a separarnos violentamente de nuestras propias creaciones en algún momento de nuestra vida. ¿Hay alguien que no haya sufrido el dolor de perder su inocencia, su felicidad, su potencial o sus derechos? ¿Acaso todos no hemos hecho valientemente lo imposible por proteger este tipo de cosas, por ocultarlas, por meterlas en un lugar seguro?

El destino de Moisés era mayor que las fuerzas que burlaría, al igual que el nuestro. Y los acontecimientos se desarrollaron de tal modo que le protegieron para que sobreviviera. La hija del faraón, que se había rebelado contra la crueldad del decreto real de infanticidio, encontró a Moisés flotando entre las plantas de papiro a orillas del Nilo y decidió criarlo en el palacio como si fuera hijo suyo. Significativamente, fue el amor de la madre de Moisés, su coraje y su compromiso de hacer todo lo necesario para protegerlo y salvarlo, lo que allanó el camino para que su hijo no sufriera ningún daño. Esto es un mensaje para todos. Tal vez estemos desconsolados, pero en la naturaleza del universo se ha programado que, cuando el ego nos hiere o nos quita algo, la historia no se acaba aquí, sino que es precisamente cuando empieza. Al actuar movidos por el amor, este encuentra la forma de recompensar nuestros esfuerzos.

El ego siempre está buscando el modo de destruirnos, mientras que el espíritu siempre está buscando la manera de salvarnos. El universo busca a personas y situaciones que estén abiertas a recibir y fomentar la siguiente manifestación de amor. La hija del faraón encontró a Moisés entre las plantas de papiros de la orilla del Nilo y lo crio en la corte como si fuera hijo suyo. Sin que nadie conociera su identidad, Jocabed acabó siendo la sirvienta del rey de Egipto y ayudó a criar a su propio hijo. El amor nunca se extingue, solo se transforma.

Lo más curioso es que el rey de Egipto, la figura más poderosa de esta historia, es la que manifiesta la crueldad. En cambio, la madre de Moisés, la figura más humilde, sin poder alguno ante el decreto faraónico, fue un conducto de las fuerzas sobrenaturales que vencieron la crueldad del faraón, la socavó con su amor. El amor la llevó a hacer *algo*, y esto causó que alguien lo bastante poderoso en el sistema mundano tomara cartas en el asunto.

En ocasiones, cuando unas fuerzas mucho más poderosas que nosotros son un obstáculo en nuestro camino, no sabemos qué hacer, a quién llamar, a quién recurrir o cómo resolver el problema. Sin embargo, al mantener abierto el corazón —aferrándonos a la fe, sin dejarnos arrastrar por la desesperación— hacemos algo que lleva a que alguien nos acabe echando una mano. Si Jocabed se hubiera rendido, Moisés no habría sobrevivido. Su mensaje a los que sufren es de una claridad meridiana: *haz lo que puedas*. Cuando aceptamos de verdad que Dios tiene la respuesta a cualquier problema, que el universo está programado para llevarnos a la Tierra Prometida, confiamos en que, mientras sigamos perseverando, acabaremos descubriendo el modo de salir de la oscuridad.

La zarza ardiente

Moisés creció en la corte del rey de Egipto, libre del destino cruel de los esclavos judíos. Sin embargo, tenía un vínculo emocional con su pueblo, y aunque no se había criado entre ellos le conmovía el sufrimiento de su gente. Le afectaba hasta tal punto que llegó a matar a un capataz egipcio que maltrataba a un esclavo judío. Tras el incidente, Moisés se vio forzado a huir de la ira del faraón y se refugió en la tierra de Madián. Allí empezó una nueva vida como pastor, se casó y tuvo un hijo. Un día, mientras apacentaba el rebaño de su suegro, vio la zarza ardiente.

Qué interesante que Moisés fuera un asesino, ¿verdad? Aunque se puede sostener que mató al capataz por una razón de peso —tal vez no le quedó más remedio, de lo contrario el esclavo judío habría muerto en manos del capataz—, es un detalle importante porque nos recuerda que el hijo del destino —es decir, todos— tenía también sus aspectos oscuros. Muchas veces no estamos deprimidos por lo que alguien nos ha hecho, sino por lo que hemos hecho. Y el ego, el que nos ha empujado a cometer el error, nos dice tras haberlo cometido que somos unos seres indeseables, inútiles, odiosos y repugnantes incluso para Dios. Sin embargo, Dios solo se le apareció a Moisés bajo la forma de una zarza ardiente después del asesinato.

Es decir, nada —absolutamente nada— puede hacer que Dios deje de amarnos, elegirnos o programarnos para que alcancemos un destino magnífico. Al contrario, haber vivido la oscuridad del mundo, tanto la de nuestro interior como la de los demás, nos permite comprender con mayor hondura la condición humana, por lo que nos convertimos en mejores canales para el poder de Dios. Lo que el ego oscurece, Dios lo ilumina.

Hay una cierta belleza en la inocencia de quienes no conocen más que la luz por no haber visto las suficientes atrocidades en el mundo. Pero hay una belleza incluso mayor en quienes, pese a haber visto la oscuridad del mundo por haber vivido muchas experiencias, eligen la luz. Hasta cuando creemos haberle dado la espalda a Dios, es importante recordar que Él no nos ha dado su espalda. Es imposible que ocurra, porque el amor es incapaz de darle la espalda a sus propias creaciones. Lo importante es decidir hoy amar, aunque ayer no lo hayamos hecho. Dios no le preguntó a Moisés: «¿Esperas que me *sirva* de ti después de haber cometido tantos errores?» En vez de eso, fue al poco de cometer Moisés un gran error cuando Dios le llamó para que liberara al pueblo judío de la esclavitud.

Mientras apacentaba el rebaño de su suegro, se le apareció un ángel en medio de una zarza ardiente que, pese a estar envuelta en llamas, no se consumía. Los ángeles se definen en *Un curso de milagros* como «pensamientos de Dios». Así que Moisés, en cierto modo, es como cualquier otra persona que pasea por el campo, o «apacienta el rebaño» al ayudar a los demás en un sentido u otro y tener una epifanía. Un despertar. Un ramalazo iluminativo. La sensación de haber comprendido la Verdad. Es la misma clase de percepción interior que cualquiera de nosotros podría haber tenido. Dios hablándole a Moisés no se diferencia de cómo podría hablarnos a cualquiera de nosotros, es un símbolo del modo en que nos habla a todos.

¿Y qué fue lo que Moisés oyó? En primer lugar, Dios le pidió que se quitara las sandalias. Las sandalias simbolizan lo que está en contacto con la tierra. Dios nos pide que nos acerquemos a Él descalzos, porque el espacio donde Dios mora es un lugar sagrado. Le entregamos nuestras preocupaciones terrenales y nos presentamos ante Él con el corazón abierto y nada más.

En la actualidad estamos distraídos a todas horas por cosas que en el fondo no tienen ningún sentido y que nos atan a las regiones terrenales. Veinticuatro horas al día nos bombardean con noticias sobre escándalos de todo tipo, acontecimientos globales, cotilleo ridículo… Todo ello satura la mente y nos mantiene atados al sufrimiento del mundo. Al acercarnos a Dios, debemos quitarnos las sandalias. «Vaciar la mente.»

En la Iglesia ortodoxa rusa, el encuentro de Moisés con la zarza ardiente se describe como su habilidad para ver «las energías increadas» o «la gloria». Es interesante el detalle de que la zarza ardiera envuelta en llamas sin consumirse. Dios hablándole a Moisés de entre las llamas de la zarza no significa algo en particular, se refiere más bien al reino de la conciencia que Moisés visitó. Es el fuego divino eterno que arde siempre en nuestro corazón.

La figura de Moisés, nacido en la luz (una creación de Dios) para liberar al pueblo judío de la esclavitud a la que el faraón (el ego) los había sometido, y destinado, después de la gran prueba, a ser un líder (la historia del Éxodo), refleja el periplo psíquico de cada alma. Cada uno nacemos de Dios y vagamos en la esclavitud de la mentalidad del ego, hasta que la voz de Dios nos guía para que nos dirijamos a la tierra prometida llevando a nuestros semejantes con nosotros.

Yo soy el que soy

Al acercarse a la zarza ardiente, Moisés oyó la voz de Dios. Si en la actualidad alguien entrara en una habitación y dijera «Dios me ha dicho esto» o «Dios me dijo aquello», tendríamos razones para preguntarnos si esa persona está en sus cabales o no. Pero, cuando alguien medita y reza a diario, empieza a oír lo que en *Un curso de milagros* se conoce como la «Voz de Dios». Una práctica espiritual dedicada nos agudiza la intuición en grado sumo. Al igual que oímos la voz del ego fustigándonos constantemente en nuestra cabeza con mensajes negativos, al aquietar la mente oímos una vocecilla sosegada, la voz con la que Dios se comunica con nosotros. No me refiero a que una suene como la de Tony Bennett y la otra como la de Lady Gaga. Las dos son como la nuestra. Pero una suena como cuando nos mostramos histéricos, enojados y egoístas, y la otra como cuando nos sentimos tranquilos, serenos y afectuosos. Todos oímos las voces del ego o del espíritu en nuestra cabeza a todas horas, pero solo una es nuestro yo verdadero.

Moisés sabía que estaba escuchando la voz de Dios, pero no sabía cómo se lo diría a los demás. «Diles que YO SOY EL QUE SOY», le comunicó Dios. Este pasaje se ha traducido e interpretado de innumerables formas, como ocurre con cualquier historia religiosa. Una interpretación sostiene que Dios no se describió como

«YO SOY EL QUE SOY», sino más bien como «YO SERÉ EL QUE SERÉ». Desde una óptica espiritual, ambas interpretaciones son exactas, porque quien somos existe, en esencia, más allá del tiempo. Lo más importante es la revelación de que el Dios que habita en nuestro interior es nuestro yo esencial. La esencia de Dios es la esencia de cada uno de nosotros, y la esencia de cada uno de nosotros es la esencia de Dios. Cuando hablamos desde nuestro yo verdadero, o desde el amor, estamos expresando lo que la Voz de Dios nos ha dicho. La oración y la meditación nos permiten empezar a oír la Voz de Dios queda y serena. Nuestro objetivo en la Tierra es, por lo tanto, reflejar en palabras y también en obras lo que hemos oído.

La voz de Dios ordenó a Moisés que regresara con su pueblo y que le dijera que Dios le había elegido para liberarlo de la esclavitud y llevarlo a la Tierra Prometida.

Es como si mientras estamos dando un paseo por el campo tuviéramos de súbito una epifanía, la sensación de una presencia divina. Y no dura solo un momento, dura un buen rato. Y no es solo algo agradable, pues también recibimos instrucciones. Nos da la impresión de ser una misión, una llamada, sentimos con fuerza que Dios nos ha encomendado una labor. Hemos venido a este mundo para liberar a nuestra gente del sufrimiento y hacer que encuentre la paz.

¿Qué?

Y Moisés reaccionó de la misma manera que cualquiera de nosotros habría reaccionando, exclamando: *«¡Ni hablar!»*

«¿Y quién soy yo para enfrentarme al faraón y sacar de Egipto a los hijos de Israel?», le preguntó Moisés consternado. Dios le respondió con tres puntos: en primer lugar, le regañó por tener la audacia de dudar de que Dios le hubiera elegido como receptáculo; en segundo lugar, le dijo que le ayudaría con los poderes maravillosos de su cayado o bastón; y, en tercer lugar, le comunicó que enviaría a su hermano Aarón para que fuera su portavoz.

Es decir, sea lo que sea lo que le digamos a Dios para justificar: «No puedo hacerlo, Señor», su respuesta a cualquier razonamiento nuestro será: «Sí, sí que puedes».

El alma está programada para realizar una gran misión. Cuando nos separamos de ese rayo de luz, descendemos a la oscuridad. Buena parte de la infelicidad de este mundo se debe a que las personas no consiguen llevar a cabo sus grandes misiones, y lo saben. Cada uno de nosotros tenemos una misión, ya que todos somos hijos de Dios. Pero, al no preguntarle a Dios cuál es esa misión ni permitir que nos guíe para que la realicemos, caemos en los hábitos neuróticos de un alma que no se reconoce a sí misma o que no recuerda por qué ha venido a este mundo.

En mi libro *Volver al amor* hay un párrafo que empieza diciendo: «Lo que más miedo nos da no es ser incapaces. Lo que más miedo nos da es ser poderosos más allá de toda medida». Esta frase, atribuida erróneamente a Nelson Mandela, ha acabado siendo muy conocida. ¿Y por qué? Porque señala la resistencia del ego —y también la misión del alma— a reclamar plenamente la grandeza de nuestro potencial como hijos de Dios.

El poder del cayado de Moisés tiene un gran significado, se refiere al poder de la conciencia espiritual. Como la varita mágica de Merlín, el cayado simboliza el pensamiento disciplinado, concentrado y luminoso. Canaliza el poder del pensamiento cuando emana directamente de lo divino, la mente humana se convierte en un conducto para aplicar no solo el *pensamiento* de Dios en la tierra, sino también Su *voluntad*.

Para demostrarle Su poder, Dios le dijo a Moisés que tirara el cayado al suelo. El cayado se transformó en serpiente. Moisés echó a correr, aterrado, pero Dios le dijo que la agarrara por la cola. Moisés extendió la mano y la cogió, y la serpiente volvió a ser cayado en su mano.

La transición del cayado de serpiente aterradora a una fuente de poder capaz de hacer milagros se refiere a la relación que todos mantenemos con el poder de nuestra mente. El ego se achica ante la espiritualidad, porque se achica ante nuestra grandeza. Sugiere que entregarse a Dios es peligroso, que si lo hacemos la situación se nos irá de las manos. Pero, en cuanto agarramos la serpiente y nos ocupamos de nuestra mente, la energía de la astuta serpiente vuelve a ser nuestro mayor apoyo para realizar la misión que Dios nos encomendó.

Todos tenemos un cayado —el poder ilimitado de los pensamientos— y, al igual que Moisés, Dios nos ha elegido para que llevemos a cabo sus milagros. Cuando nuestros pensamientos son elevados y surgen del amor, crean situaciones positivas. Pero cuando nuestros pensamientos son bajos y surgen del miedo, no las crean. Cuando Moisés sostenía en alto el báculo, los israelitas triunfaban, y cuando lo bajaba, los enemigos de Israel prevalecían. Para él, como para todos, no era siempre fácil llevar el báculo de Dios. En un momento dado, Moisés estaba tan cansado de sostenerlo en alto que le empezaron a flaquear las fuerzas. Aarón y Jur tuvieron que ayudarle sosteniendo sus manos, uno de un lado y otro de otro, y «así sus manos se mantuvieron firmes hasta la puesta del sol». Cuando intentamos conectar con nuestra parte más elevada, nuestro cayado se vuelve pesado y molesto; este esfuerzo titánico va en contra de los instintos del ego. A veces no podemos tomar el camino más elevado en la vida sin la ayuda de los amigos y los seres queridos. Pero, al igual que Moisés recibió ayuda cuando más la necesitaba, nosotros también la recibiremos.

La gran misión de Moisés

Dios no solo le pide a Moisés que lleve a cabo una gran misión, además le ayuda a realizarla. *Un curso de milagros* nos pregunta si es razonable suponer que Dios nos encomendará una labor y nos dará los medios para alcanzarla.

Dios le dijo a Moisés lo que debía hacer y cómo llevarlo a cabo para liberar a los israelitas de la esclavitud y conducirlos a la Tierra Prometida, o la «tierra de la que mana leche (sustento) y miel (dulzura)». Lo primero que le encomendó fue convencer al rey de Egipto para que liberara a los esclavos. Como es natural, al principio el faraón se negó en redondo al requerimiento de Moisés de «Permitir que su pueblo se fuera».

Dios respondió al faraón con las Diez Plagas de Egipto: las aguas del Nilo se tiñeron de sangre, las ranas invadieron Egipto, los piojos infectaron a personas y animales, más otras siete, hasta la décima y última plaga, la de la muerte de todos los primogénitos de Egipto. Todo ello para convencer por fin al faraón de que debía hacer lo que Dios le pedía. Las Diez Plagas son símbolos poderosos de cómo la vida, cuando estamos esclavizados por los dictados del ego, no es vida. Primero perdemos la autoestima, después los amigos y el dinero y, por último, la pareja, hasta que captamos el mensaje en algún momento de nuestra vida.

La décima plaga —es decir, la muerte de los primogénitos egipcios— fue especialmente horrenda. Moisés les dijo a los israelitas que marcaran el dintel y los dos postes de la puerta de sus casas con la sangre de un cordero lechal para que el ángel de la muerte «pasara de largo» y no matara a sus primogénitos (la celebración de la Pascua judía viene de este rito). La sangre del cordero significa la energía de lo nuevo, de lo inocente, de aquello que tan celosamente protegemos en nuestra morada, o en nuestro yo interior. Metafísicamente, esta historia no trata del asesinato de los hijos de los egipcios por el decreto de Dios; más bien tiene que ver con que los pensamientos negativos serán destruidos y los inocentes serán protegidos y bendecidos.

Uno estaría tentado de pensar que, con todo lo que Moisés había hecho por los israelitas, estos se sentirían fortalecidos por su presencia. Pero tenían sentimientos ambivalentes en cuanto a abandonar Egipto, y Moisés les despertaba escepticismo y resentimiento a la vez que gratitud y admiración. Se habían acostumbrado a la esclavitud y resignado a un cierto grado de sufrimiento. Nosotros también, a menudo, al enfrentarnos a la tarea de alcanzar la libertad preferimos seguir esclavizados al ego antes que cambiar por miedo a lo desconocido. Podemos acabar perversamente sintiéndonos cómodos con nuestras propias disfunciones.

En lugar de ver la voz que nos anima a liberarnos de la esclavitud (el nombre de Moisés significa 'salvado de las aguas') como una salvación, al menos al principio, nos recuerda más bien nuestro sufrimiento. En su condición de esclavos, los israelitas sabían que nos les faltaría techo y comida, pero si huían, ¿cómo sobrevivirían en el viaje a la Tierra Prometida? Nosotros también solemos preferir las tribulaciones del ego a las de la propia realización. Preferimos nuestra esclavitud interior a tentar el destino e intentar ser libres. Aceptamos las comodidades falsas del victimismo en lugar de asumir las responsabilidades de la victoria. Sin embargo, Moisés representa la voz de nuestro interior, salvándonos, salvándonos, salvándonos de la oscuridad para llevarnos a la verdad de quiénes somos y a la grandeza de nuestra misión en la tierra.

Aunque sea necesario un milagro

Al final, el rey de Egipto decidió liberar a sus esclavos. Y los israelitas huyeron a toda prisa de Egipto «antes de que el faraón cambiara de parecer». Pero, al llegar a la punta norte del mar Rojo, los israelitas descubrieron horrorizados al ejército egipcio a sus espaldas avanzando contra ellos. El rey de Egipto había decidido recuperar a sus esclavos. El ego nunca cede, nunca dice de corazón: «Vale, vete». Siempre que exclama: «¡Puedes irte!» quiere decir, en realidad: «Hasta que se me ocurra cómo traerte de vuelta». Para liberarnos de las garras del ego tiene que ocurrir un milagro, un despertar espiritual.

¿Cuántas veces hemos sentido una desesperación parecida a la que los israelitas sintieron al ver el ejército del faraón pisándoles los talones? Solo podían avanzar hacia el mar y ahogarse, esperar a que el ejército los matara, o volver a ser esclavos. ¿Acaso alguno de nosotros no ha fracasado al intentar zafarse de la servidumbre del ego? Para conseguirlo no basta con la fuerza de voluntad, tiene que ocurrir un milagro. Los hijos de Israel miraron a Moisés llenos de terror para que los salvara, y él lo hizo.

En aquel momento ocurrió uno de los grandes milagros de la historia, una de las demostraciones más poderosas del obrar de Dios por el bien de su pueblo. Dios instruyó a Moisés para que alzara el báculo y extendiera la mano: «Moisés tendió su mano sobre el mar y Yavé hizo soplar sobre el mar toda la noche un fortísimo viento solano, que lo secó, y se dividieron las aguas. Los hijos de Israel entraron en medio del mar, formando para ellos las aguas una muralla a derecha e izquierda». Pero, cuando los egipcios se pusieron a perseguirlos, todos sabemos lo que les ocurrió.

La separación de las aguas del mar Rojo es una de las grandes demostraciones bíblicas de que la Voluntad de Dios hará lo que haga falta, incluso trascender el tiempo y el espacio, para ayudar a sus hijos a liberarse. El universo está programado para rescatarnos de los ejércitos del ego, tanto si se trata de nuestros pensamientos obsesivos como de las condiciones del mundo exterior. Podemos sumergirnos en las aguas del espíritu sin temor alguno, aunque temamos ahogarnos en ellas, porque Dios lo ha dispuesto todo para que las crucemos a salvo sin que el ego nos lo impida.

Saber que Dios hará *lo que sea necesario* para salvar a su pueblo —y todos somos su pueblo— es uno de los baluartes de una vida iluminada. Un pensamiento como el de «Esto no podría ocurrir nunca» es reemplazado por «No necesito saber *cómo*, solo sé que ocurrirá». Según *Un curso de milagros*, «No hay grados de dificultad en los milagros».

Después de atravesar el mar Rojo, los israelitas entonaron un canto para celebrar la liberación. María, la profetisa, tomando un pandero en su mano, le cantó a Dios: «Cantad a Yavé, que ha hecho resplandecer su gloria precipitando en el mar al caballo y al caballero». Esta canción significa el canto de nuestra alma tras liberarse del sufrimiento. «Cantad a Yavé» se refiere a sentirnos por fin libres de expresarnos plenamente, sin miedo, para recuperar nuestro derecho a opinar, nuestra fuerza vital, nuestra libertad emocional después de estar aprisionados por las exigencias del ego. Muchas personas se han descubierto «cantando a Yavé» como nunca antes habían cantado, tras salir de etapas traumáticas cargadas de desesperación, gracias a capacidades y dotes insospechados que ignoraban tener antes de su «estancia en el desierto».

Los Diez Mandamientos

El paso del mar Rojo constituye prácticamente el inicio del Éxodo, que duró cuarenta años. En el tercer mes, después de la partida del pueblo de Israel de la tierra de Egipto, llegaron al desierto del Sinaí. Allí Yavé llamó a Moisés desde lo alto de una montaña, un acontecimiento acompañado de humo, temblores de tierra y el sonido cada vez más fuerte de una trompeta. Durante cuarenta días y cuarenta noches Moisés no comió ni bebió mientras recibía las Tablas de la Ley, conocidas como los Diez Mandamientos, para que se las entregara a la nación de Israel en «dos tablas de piedra escritas por el dedo de Dios». Al vivir de acuerdo con las leyes de Dios, los judíos se convirtieron en los transmisores de Su ley. Dios le advirtió a Moisés que le dijera al pueblo de Israel: «Vosotros habéis visto lo que yo he hecho a Egipto y cómo os he llevado sobre alas de águila y os he traído a mí. Ahora, si oís mi voz y guardáis mi alianza, vosotros seréis mi propiedad entre todos los pueblos, porque mía es toda la tierra, pero vosotros seréis para mí un reino de sacerdotes y una nación santa».

Al igual que Moisés fue sacado de entre los juncos en la orilla del Nilo y los israelitas fueron sacados de Egipto, los Diez Mandamientos eran los preceptos, la ley sacada de la Mente de Dios, para vivir correctamente como hombres y mujeres libres. Tan pronto como se liberaron de la esclavitud, los israelitas eran libres de vivir como decidieran. Por tanto, aunque vivamos en libertad, seguir las leyes interiores nos mantiene en el camino de lo correcto, de la santidad y del amor.

Las Tablas de la Ley revelan los principios que nos alinean con la parte más elevada de nosotros mismos al alinearnos con Dios. Las prohibiciones de los Diez Mandamientos son una descripción de cómo debemos comportarnos cuando conectamos con nuestro yo verdadero. A fin de cuentas, «seguir las leyes de Dios» y «ser nosotros mismos» es lo mismo. Cuando Moisés descendió de la montaña tras recibir los Diez Mandamientos su rostro despedía luz, porque había visto a Dios.

Aunque los Diez Mandamientos le fueron entregados a Moisés hace miles de años, siguen siendo tan importantes como en el pasado, ya que hablan de la realidad intemporal más profunda de aquello que es verdadero en nuestro interior. La voz de Dios es antigua y actual al mismo tiempo.

1. No tendrás a otro Dios que a mí.
Cuando creemos que el dinero nos salvará, o un nuevo trabajo, o el prestigio, o una relación de pareja, debemos recordar que fue Dios quien creó todo lo bueno de la vida —«el que nos ha sacado de la tierra de Egipto, de la casa de la servidumbre»—, no el dinero, el trabajo, la fama ni el sexo. Fue Dios, y no todas estas cosas, quien reorganizó el universo para nosotros cuando estábamos de rodillas en el suelo, incapaces siquiera de funcionar.

2. No te harás esculturas ni imagen alguna de lo que hay en lo alto de los cielos... No te postrarás ante ellas, y no las servirás.
Debemos replantearnos todas las cosas mundanas que creemos que nos salvarán —ante las que nos prosternamos—, que creemos necesitar para lle-

var la vida deseada. Esta actitud no es más que idolatría y no nos funcionará. ¿Por qué? Porque esas cosas mundanas no son Dios, solamente las hemos tomado por Él en medio de nuestra confusión.

3. No tomarás en falso el nombre de Yavé, tu Dios.

Tal vez creamos que las palabras no importan, pero no es así. Las palabras son poderosas. Hablar a la ligera es tan destructivo como creativo es ser conscientes de nuestras palabras. Este mundo no es un juego, al igual que la cualidad divina que reside en nuestro interior. Hablar sobre Dios de forma vulgar es hablar sobre nosotros mismos del mismo modo. Nada bueno saldrá de ello.

4. Pero el séptimo día es día de descanso, consagrado a Yavé, tu Dios, y no harás en él trabajo alguno.

Nuestro sistema nervioso tiene sus límites. No somos máquinas, somos seres humanos. La vida frenética que llevamos, siempre a toda prisa para trabajar, trabajar y trabajar, sin parar quietos un instante, nos destruye las glándulas suprarrenales, dejándonos sin una gota de fuerza vital, y haciéndonos tomar malas decisiones que afectarán nuestra vida y la de los demás. Resérvate un día a la semana para descansar. Simplemente un día. Dedica tu día de «descanso» a hacer cosas importantes, cosas profundas, cosas motivadas por el amor. Recupera la calma, mira en tu interior, y reajusta tus energías para fluir con Dios. El resto de la semana es bueno pensar un poco en Él. Pero el día de descanso, conságralo a Dios. Vivirás más años, estarás más saludable y serás más feliz si lo haces.

5. Honra a tu padre y a tu madre.

No podremos ser felices hasta reconocer los dramas de la infancia y aclarar las cosas con nuestros padres. Si se portaron bien con nosotros, probablemente se merezcan que seamos más bondadosos y respetuosos de lo que estamos siendo con ellos. Y si no se portaron bien tendremos que perdonarles igualmente, de lo contrario nuestras relaciones se acabarán echando a perder a lo largo de nuestra vida.

6. No matarás.

Parece mentira que todavía debamos tenerlo en cuenta, pero seguimos matando, empleando una cantidad enorme de recursos materiales en construir más máquinas de matar, ignorando básicamente este mandamiento. El ego es todo un experto en una «buena defensa» y en la Segunda Enmienda sobre el derecho a poseer armas de la Constitución de Estados Unidos. Pero el ego es un asesino...

7. No cometerás adulterio.

Ha llegado la hora de admitir que practicar el sexo sin ton ni son es perjudicial para nosotros y los demás. El sexo es una de las fuerzas más poderosas del universo que tiene el poder de sanarnos o de lastimarnos. Si malgastamos esta energía despreocupadamente, alguien acabará herido. Y podrías ser tú. Si el sexo no surge de un compromiso sagrado, en tal caso no surge de Dios. Tanto si el compromiso procede de nosotros o de otra persona, debemos respetarlo.

8. No robarás.

Es chocante que aún debamos recordar este mandamiento. Pero las empresas siguen robando recursos, las naciones y las compañías siguen robando territorios, y los ricos siguen robando a los pobres. ¡Y nosotros lo consentimos!

9. No pronunciarás contra tu prójimo falso testimonio.

Las palabras son poderosas. Los cotilleos negativos, las calumnias, los discursos cargados de odio... todas esas cosas destruyen las carreras profesionales de los demás, incluso sus vidas. No importa si la persona sobre la que hicimos una observación cruel o injusta estaba presente. No debemos olvidar que el universo tiene oídos. Las palabras son energía, y la energía se materializa. Digamos lo que digamos, nos volverá como un bumerán.

10. No desearás la casa de tu prójimo.

Dios creó un universo infinitamente abundante. El hecho de que nuestro vecino goce de algo maravilloso no hace que nosotros tengamos menos posibilidades de tenerlo también. Pero, si no nos alegramos de su éxito, estaremos limitando nuestra capacidad de lograr lo mismo. Solamente podremos tener en la vida aquello que nos alegra que tengan los demás.

Dios responde a la llamada

Mientras vagaban por el desierto, el viaje de los israelitas estuvo plagado de dificultades y se siguieron dando los milagros. Dios hizo llover maná de lo alto de los cielos y cubrió el campamento de codornices para que los caminantes hambrientos pudieran comer. También le dio a Moisés el poder para que detuviera un ejército que intentaba derrotarlos. Durante aquella época tan dolorosa, el vínculo entre Dios y los israelitas se fue estrechando. En un momento dado, Dios le ordenó a Moisés que golpeara una roca con el cayado cuando los israelitas sedientos necesitaban agua para no morir de sed. Moisés, al no ver el agua brotar de inmediato, golpeó la roca por segunda vez. Por este acto, Dios le castigó denegándole la entrada a la Tierra Prometida. Significa, metafóricamente, que la falta de fe reduce nuestro poder y nos niega la paz interior. El problema de muchos no es que gran parte del tiempo no oigan lo que Dios les dice, sino que no se lo *creen* o no les *gusta*. Y, aplicando su falta de fe a la acción, hacen o dicen algo que interrumpe el plan de Dios y desvía el milagro. Pero la vida seguirá «atrayéndonos» a nuestro destino de mantener una relación más profunda con Dios y de realizar con más energía las tareas que nos ha asignado.

Todos estamos viviendo un Éxodo en nuestra propia vida, todos seremos liberados de la esclavitud por una mano misteriosa y alcanzaremos la Tierra Prometida. El Éxodo es nuestro periplo por el sufrimiento, ya que sufrimos la esclavitud a manos del ego y nos liberamos a manos de Dios.

Moisés nos recuerda que Dios es Dios. Él fue el que liberó a los israelitas de la esclavitud y los llevó más allá del sufrimiento, y también hará lo mismo con nosotros. A veces, durante los años de esclavitud, durante los años en el desierto y durante los años previos a la llegada a la Tierra Prometida, las palabras «Oye, Israel: Yavé es nuestro Dios, Yavé es único. Amén» nos animan a no rendirnos.

Las grandes tradiciones religiosas nos ofrecen historias de seres iluminados para inspirarnos a seguir nuestro propio viaje heroico, sabiendo que aunque también nos debatamos contra lo ilusorio, aunque también deambulemos y suframos, estamos hechos para llegar al último destino al que la gloria de Dios nos conducirá inevitablemente.

El sufrimiento de los judíos a manos del faraón es un mito fundamental en la historia humana que graba a fuego en nuestra conciencia la relación entre los hijos de Dios y el ego que intenta confundirnos. El ego es, en realidad, el capataz mental. Es la parte inconsciente que nos empuja una y otra vez a la autodestrucción para socavar nuestras relaciones y hacer que nos resistamos a recuperarnos, que tomemos decisiones estúpidas y actuemos erróneamente. Es la parte de nuestro ser que lo interpreta todo de la manera más negativa posible. La que insiste en que no hay esperanza. También representa cualquier fuerza externa que nos impide progresar.

El ego solo tiene un objetivo: hacernos sufrir, mientras que Dios tiene otro: liberarnos. Tanto si se trata del sufrimiento de la vejez, la enfermedad y la muerte presenciado por el Buda, como el de los judíos esclavizados o vagando por el desierto, o el padecimiento de Cristo en la cruz, las tres historias demuestran la perversidad de la mente-ego.

Por más maldad que surja en el mundo, con el tiempo será reemplazada por la aparición del amor. El Creador del universo anulará las fuerzas que obstruirían Su plan. El arco moral del universo se va inclinando, aunque sea lentamente, hacia el bien.

Una de las cosas más impactantes sobre las grandes historias religiosas es la astucia psicológica que revelan. Servir a Dios —es decir, difundir el amor— no es solo algo que «debemos» hacer, es la única forma de ser felices. Pero llegar a ese punto, destruir con el fuego divino que arde en nuestro corazón todos los aspectos oscuros de nuestro ser para que la luz del yo verdadero pueda brillar, es un viaje. Es un proceso, no un hecho. Y el proceso es duro.

Los cuarenta años de sufrimiento de los israelitas hasta llegar a la Tierra Prometida no fueron fáciles. Lograr conocernos a fondo, destruir las capas del yo falso, es dolorosísimo. La cultura moderna responde a este sufrimiento con promesas de aliviárnoslo momentáneamente. Pero algunas épocas que pasamos en el desierto acaban siendo la base de nuestro reverdecer. Allí, en el desierto, muchos presenciamos nuestros primeros milagros.

Las grandes historias religiosas son algo más que historias, son mensajes cifrados que Dios nos ofrece a todos. Dios habita en el campo cuántico del sin tiempo y el sin espacio, y lo que le transmite a cualquier persona nos lo está transmitiendo a todos. Dios *nos* liberará de la esclavitud y *nos* llevará a la puerta de la iluminación. ¿Acaso existe mayor bendición que la de que nos diga: «os conduciré a Mí»?

Ser conducidos a Dios significa ser liberados de la ilusión de quiénes somos y percibir la realidad de quiénes somos de verdad. Pasamos de la adicción a la sobriedad, de la dependencia emocional a la independencia, de la cobardía al coraje. Mueren las partes de nuestro ser que deben morir para que nazca lo que está intentando nacer. En nuestro camino de percibir la vida que yace más allá destruimos el ego, afrontando lo que debemos afrontar antes de poder encontrarnos ante Dios. Es un periplo doloroso, quizás incluso tortuoso. Es humillante. Aterrador. Pero este viaje por las tierras salvajes de lo espiritual no es una pérdida de tiempo, ya que acaba llevándonos a la Tierra Prometida.

La muerte de Moisés

Cuando Moisés tenía 120 años, subió al monte Nebo, y Yavé le mostró la tierra que se extendía a sus pies hasta el mar Mediterráneo, diciéndole: «Ahí tienes la tierra que juré dar a Abraham, Isaac y Jacob. A tu descendencia se la daré; te la hago ver con tus ojos, pero no entrarás en ella». Al propio Moisés no le fue permitido entrar en la Tierra Prometida.

En este sentido, a Moisés le ocurrió lo mismo que a Susan B. Anthony, que, pese a consagrar su vida al derecho de las mujeres a votar, murió antes de ver el pasaje de la Decimonovena Enmienda de la Constitución de Estados Unidos que otorga a las mujeres el derecho al voto. O lo mismo que a Martin Luther King Jr., que dijo haber visto la Tierra Prometida, aunque añadió: «Tal vez yo no llegue con vosotros». La generación que sigue guardando en su memoria las imágenes de la esclavitud no es siempre la que se libera del todo de ella. La historia de los judíos es la historia de un pueblo, la historia de generaciones que aparecen y desaparecen, y de los esfuerzos de una generación seguidos por los de la siguiente.

Josué, que había nacido en el desierto, entró en la Tierra Prometida como jefe de los israelitas. Dios le dijo: «Esfuérzate pues, y ten valor; nada te asuste, nada temas, porque Yavé, tu Dios, irá contigo adondequiera que vayas».

La historia del pueblo judío está marcada por un sufrimiento extremo tanto en la antigüedad como en los tiempos modernos. Existe una corriente ininterrumpida de antisemitismo que se remonta a muchos siglos atrás, así como las fechas funestas en las que se manifestó, desde los pogromos en Europa y Rusia hasta los brotes antisemitas que se están dando en muchos lugares incluso ahora. Durante el Holocausto —el asesinato masivo indescriptible de seis millones de judíos perpetrado por los nazis de 1941 a 1945— se dice que algunos presos, al entrar en la cámara de gas, pronunciaban las palabras que Dios dijo a Josué: «Nada te asuste, nada temas, porque Yavé, tu Dios, irá contigo adondequiera que vayas».

La Tierra Prometida es, ante todo, un estado de conciencia. Verla solo en términos geográficos no ha funcionado, no funciona ni funcionará. Es un estado mental, una paz interior que por sí sola garantizará la paz exterior a nuestros hijos y a los hijos de nuestros hijos. La Alianza no es solo una promesa de Dios, es además los términos de la relación que mantendremos con Él. Es la luz de la comprensión de quiénes somos en Dios y de quiénes quiere que seamos en el mundo. El mismo sufrimiento nos sensibiliza de manera exquisita al sufrimiento ajeno; al haber estado tan oprimidos, somos de lo más resistentes a cualquier tentación opresora. La llamada de Dios para que seamos una nación santa, como la llamada a la santidad interior, comporta su ración de sufrimiento. Según las palabras de mi padre: «Las lecciones que Dios les enseña a los judíos nunca son fáciles». El viaje de los israelitas iniciado miles de años atrás sigue siendo hasta el día de hoy tan arduo, dramático y poderoso como siempre. Dios no ha dejado de estar con nosotros, y lo seguirá estando dondequiera que vayamos.

11

La luz de Jesús

La vida de Jesús fue indudablemente un hecho histórico, pero también es un hecho místico. Constituye un conducto intemporal de la fuerza espiritual; no es solo un hombre que vivió hace dos mil años, es una realidad psíquica que todos estamos experimentando a todas horas. Su nacimiento representa nuestro propio renacimiento, su ministerio representa nuestro propio camino, y su muerte y resurrección representan nuestra capacidad para trascender el sufrimiento, el pesar y la muerte.

La observación que hizo el Buda del sufrimiento le llevó a la búsqueda de la iluminación. La compasión de Moisés por el sufrimiento de su pueblo le permitió oír la voz de Dios guiándole para que liberara a los judíos de la esclavitud. Y el sufrimiento de Jesús en la cruz condensa los pesares, las lágrimas y el sufrimiento de la humanidad en un solo incidente. Y lo más importante, su resurrección refleja la respuesta de Dios a nuestro sufrimiento: en Él todo sufrimiento cesa.

El sufrimiento de Jesús en la cruz personifica toda la perversidad del ego. Su crucifixión es el símbolo por excelencia del ego saliéndose con la suya, causando sufrimiento y, al final, la muerte. El ego es la creencia de *ser* el cuerpo, por lo que la muerte física es para el ego el mayor triunfo. La resurrección es la respuesta de Dios a la crucifixión, la reaparición de la verdad después de haber estado tomando lo ilusorio por real. Es la reaparición final de la luz tras la oscuridad. Representa la inexistencia de la muerte, porque lo que Dios ha creado es imperecedero. Es la expresión de la voluntad de Dios, que siempre se ha cumplido no solo en la vida de Jesús, sino también en la nuestra. Ocurra lo que ocurra, por más mala que sea la situación, Dios siempre tiene, y tendrá, la última palabra, con el tiempo todo acabará bien. A decir verdad, será glorioso.

Dado que la realidad espiritual se aplica a un estado de conciencia más allá del tiempo y el espacio, la aceptación de la resurrección nos lleva más allá de la mera esperanza. No solo *esperamos* que con el tiempo todo acabe bien; *sabemos*, además, que será así porque en la Mente de Dios ya ha ocurrido. En la Mente de Dios —el campo cuántico de amor infinito— todo es ya perfecto. Por consiguiente, podemos proclamar nuestra resurrección en medio de nuestra crucifixión. Como se indica en *Un curso de milagros*, «el milagro tiene la propiedad de abolir el tiempo». Para saber que todo saldrá a la perfección no esperamos a que las situaciones cambien. Aceptamos que todo es ya perfecto y nuestra convicción es lo que hace que las situaciones cambien. El poder siempre reside en nuestros pensamientos, puesto que estamos afirmando que Dios *existe*. Y por eso así es.

Navidad

La Navidad y la Pascua son dos puntos de referencia presentes en cualquier situación. La primera representa la opción, siempre a nuestro alcance, de manifestar la mejor versión de nosotros mismos. La segunda representa el hecho de que, sean cuales sean los ardides del ego, el Espíritu de Dios hará que nuestra vida recupere la perfección divina.

La historia de Jesús empieza, como es natural, con la historia de su madre. Ella «fue despertada de su letargo», es decir, despertó del letargo de la mente-ego y se le dijo, como nos ocurre a todos, que podía ser más de lo que creía ser. Dios nos ha elegido para impregnarnos con su semilla —su Espíritu penetra en nuestra conciencia—, y a medida que la conservamos y dejamos que crezca engendra una nueva vida en nuestro interior. Gracias al cuidado maternal de nuestra humanidad y al cuidado paternal del Espíritu de Dios, Cristo nace en la tierra.

El libre albedrío de cada uno determina si la María que reside en nuestro interior dice: «Sí, Dios mío, sírvete de mí; deja que mi mente, mi cuerpo y mi ser sean un recipiente para tu Espíritu y el vientre en el que te encarnarás». María simboliza la conciencia femenina a través de la cual, en el caso de elegirlo, dejamos que Dios se sirva de nosotros. Cristo es el nombre del ser que nace de esta concepción mística.

Más allá del cuerpo, más allá de la dimensión material, al nivel del espíritu, no estamos separados. Pues Dios nos creó a todos como uno. Este es el significado metafísico de la afirmación: «Solo existe un Unigénito». Jesús es el nombre de la unicidad que todos compartimos. Unirnos al nivel de Cristo no es más que comprender que ya somos uno.

La Mente de Cristo es la mente que todos compartimos, más allá del cuerpo. En realidad, somos como los radios de una rueda. Si los observamos en el borde de la rueda, parecen ser muchos y estar separados. Pero, si los observamos en el centro donde confluyen, vemos que salen del mismo punto. Este punto único de donde salen, este punto compartido, se conoce con muchos nombres, y uno de ellos es Cristo.

Miguel Ángel sentía que Dios ya había creado dentro del mármol una gran estatua como la *Piedad* o el *David*, y que el trabajo del escultor no tenía más que eliminar el mármol que las recubría. Todos llevamos dentro el yo eterno, el yo perfecto, el yo inmutable que es la creación de Dios. La iluminación significa disipar los pensamientos derivados del miedo que la cubren y tapan.

Jesús es uno de los nombres para referirse a este yo compartido. Fue alguien que, al vaciar la mente de cualquier pensamiento basado en el miedo, se volvió uno con Cristo. Al recordarlo, estamos recordando quiénes somos.

La crucifixión

Venimos a este mundo como seres inocentes que anhelan amar y ser amados, pero el ego se interpone en nuestro camino. Intenta crucificar nuestra inocencia, anular nuestro amor, hacernos sufrir y destruirnos si es posible. Es el aspecto de la mente que repudia a Dios.

El sufrimiento de Jesús en la cruz simboliza el sufrimiento que el ego nos ha infligido o nos infligirá. Un ser humano —al sufrir la peor tortura y amar a la vez a sus torturadores— partió la espada del ego por la mitad. Como todas las mentes están unidas, cuando cualquier persona alcanza algo, todo el mundo puede alcanzarlo. Jesús destruyó el hechizo del ego al entregarle la mente a Dios, y ahora el hechizo se ha roto para cualquiera de nosotros.

El cuerpo pertenece al nivel de la crucifixión, y el espíritu al de la resurrección. Jesús demuestra lo poderoso que es el amor para superar nuestras crucifixiones. La lección espiritual de cualquier situación no tiene por qué estar relacionada con lo que nos han hecho, sino con cómo interpretamos lo que nos han hecho. Nuestra experiencia como observadores depende del universo con el que elijamos identificarnos. Si yo me identifico solo con el universo tridimensional, el ego me afectará, pero si me identifico con el universo espiritual, el ego no tendrá ningún poder sobre mí.

Cada uno es responsable de lo que elige pensar. Si solo me identifico con mi cuerpo, me estoy identificando con mis defectos y mi forma de interpretar el mundo reforzará mi sensación de imperfección; pero si me identifico con Cristo, me estoy identificando con mis virtudes y mi forma de interpretar el mundo reforzará mi sensación de perfección. Tanto da si mi crucifixión tiene que ver con la salud, las relaciones, el dinero y la profesión o con cualquier otra cosa. La crucifixión adquiere muchas formas distintas, pero la resurrección carece de forma. Solo hay un problema real y una solución real. La Respuesta de Dios es la misma, sea cual sea la particularidad del problema. En cualquier situación, mientras eliminemos las barreras que nos impiden amar, estamos invocando el poder milagroso de Dios para transformarla. La crucifixión es el patrón energético con el que el ego intenta arruinarnos la vida. La resurrección es el regreso al amor y, por lo tanto, la anulación del ego.

Por eso el amor es siempre la solución. No siempre *parece* que la pregunta: «¿A quién necesito perdonar?» sea relevante en cualquier situación para recuperar nuestro poder y sanar la mente, pero así es. Solo disponemos de todo nuestro poder cuando nos encontramos en un estado de puro amor, porque el poder de Dios solo emana de ese estado. Y de él surgen los milagros.

La resurrección

La resurrección no solo es un acto de fe, es un hecho existencial. Es simplemente una descripción de cómo funciona el universo; la vida siempre se está reafirmando a sí misma incluso cuando las fuerzas de la muerte y la oscuridad han estado prevaleciendo temporalmente en el mundo. Es un evento sobrenatural que recrea el mundo. Como una florecita brotando de un bloque de cemento agrietado, la paz mental se da por fin después de que las etapas dolorosas de la vida nos hayan roto el corazón. El amor reaparece una y otra vez incluso tras los incidentes más terribles. Y con el tiempo nuestro cuerpo deja al fin de apegarse a ellos, en realidad el tiempo no existe, y en Dios la muerte no existe.

Jesús dijo: «Pero confiad: yo he vencido el mundo». No dijo: «No os preocupéis, yo lo solucionaré todo». Solucionar y vencer son dos cosas muy distintas. Solucionar es cambiar las cosas al nivel mundano, y vencer es evolucionar por completo más allá de la conciencia de este mundo.

Para algunos Jesús es un maestro, para otros es una transmisión. Él es cualquiera de estas cosas y ambas a la vez en nuestra vida, elijamos la que elijamos. En una vivencia espiritual auténtica experimentamos un cambio visceral interior más allá de la mera comprensión intelectual.

Hay quienes exclaman: «¡Si tú no crees en la resurrección! ¡Piensas que no es más que una *metáfora*!, ¿no?» Pero esta clase de razonamiento es simplista. La resurrección es una realidad psíquica, tanto si ocurrió físicamente o no. Es más que un símbolo o una idea. Es una huella espiritual de las posibilidades infinitas, alcanzadas por un ser, y que ahora todos podemos lograr.

La fe en la resurrección no es más que reconocer cómo funciona el universo. Ya que lo natural es que se produzcan los milagros, la obra de Dios. Existen leyes objetivas y perceptibles del universo interior, al igual que existen leyes objetivas y perceptibles del universo exterior. Así como la gravedad física atrae los objetos hacia abajo, el amor es una fuerza espiritual ingrávida que hace que cualquier cosa que descienda acabe volviendo a elevarse. El ego lo empuja todo hacia abajo, pero —siempre que el amor está presente— lo que había bajado vuelve a subir. Aunque para que el principio nos funcione en la vida nuestra mente debe fluir en armonía con el amor.

Si decidimos no creer en esta verdad, sigue siendo cierta, aunque estaremos ciegos a ella. Los milagros siempre ocurren, pero si nuestro ojo interior está cerrado, no los veremos. Las oportunidades surgirán, pero no las reconoceremos. La ayuda llegará, pero al no valorarla desaprovecharemos el milagro que nos ofrece. El amor aparecerá en nuestro camino, pero lo dejaremos pasar. *Un curso de milagros* afirma que actuamos como si estuviéramos en una habitación muy iluminada tapándonos los ojos con las manos y quejándonos de lo oscura que está.

La entrega absoluta de Jesús a Dios —o la corrección de la percepción— lo unificó con la Expiación. Según *Un curso de milagros,* Dios le autorizó a ser como el Hermano Mayor para quienes le pidieran ayuda en el camino de su propia iluminación. Al recordar a Jesús, recordamos a Dios. Al recordar su poder, recordamos el nuestro. Cuando la mente de Jesús se une con la nuestra, el ego desaparece bajo el brillo de su luz. Y entonces cualquier clase de crucifixión que se esté dando en nuestra vida se transforma milagrosamente.

Pero lleva tres días, como es natural.

Y ¿qué significa esto? Significa que, a medida que cambiamos de mentalidad durante la época de mayor oscuridad, iniciamos el proceso por el que la luz se reafirma a sí misma. En la dimensión lineal, las condiciones mundanas necesitan un cierto tiempo para estar a la altura del cambio ocurrido en nuestra conciencia. Es el periodo simbolizado por los cuarenta años que los israelitas pasaron en el desierto y por los tres días que transcurrieron entre la crucifixión y la resurrección. Tras haber reajustado el espíritu nuestra mentalidad al nivel causal, los efectos cambian automáticamente. Pese a vivir en el mundo, pensamos de un modo que no es de este mundo, por lo que podemos dominarlo.

Si no dejamos que el corazón se nos cierre pese a habérnoslo partido, cuando intentamos amar a la gente aunque nos hayan negado su amor, estamos pensando como Jesús y compartiendo su resurrección. Jesús —si se lo pedimos— nos cederá su poder, unirá su mente a la nuestra para disipar al ego con su luz resplandeciente y cerrará la brecha entre el ego y el espíritu, salvándonos así de la insensatez de la dinámica de la mente-ego. Esto es lo que significa decir que Jesús expulsa a los demonios: cuando le entregamos la mente para que nos la cuide, nos eleva por encima de nuestras neurosis, patologías y miedos.

¿Cómo curó a los enfermos y resucitó a los muertos? Cuando el leproso se presentó ante Jesús, se encontró ante un ser con una mente curada de las ilusiones mundanas. Jesús no lo veía todo solo con los ojos físicos, también lo veía con el ojo espiritual, la visión del Espíritu Santo. Cuando miró al leproso viéndolo más allá de la ilusión de un cuerpo enfermo, vio al ser perfecto, al Cristo en él. Como hizo Moisés, Jesús se alineó con la Mente de Dios y recibió el poder de elevarlo todo al estado divino perfecto. En *Un curso de milagros* se afirma que los milagros surgen de la convicción. Jesús simplemente no creía en la lepra, sabía que solo el amor es real. Estaba tan convencido de ello que incluso en presencia del leproso siguió pensando lo mismo, por lo que el leproso se curó.

Ser un obrador de milagros significa esto: encontrarse ante la Alternativa, tener una mente curada hasta tal punto de las ilusiones del mundo que, ante ella, lo ilusorio se desvanece. Vemos a los grandes maestros espirituales del mundo que alcanzaron este estado —Jesús es uno de ellos— como hermanos y hermanas mayores, como maestros, como faros de lo alcanzable.

En *Un curso de milagros* se comenta que Jesús no tenía nada que nosotros no tengamos, la única diferencia es que él no tenía nada más. Que alcanzó un estado que todos podemos alcanzar. Que, si le pedimos que entre en nuestra mente, nos ayudará guiándonos al mismo estado. La crucifixión es un episodio personal, una historia humana, pero la resurrección es un hecho espiritual, un campo colectivo de posibilidades infinitas que todos compartimos. Espiritualmente, podemos superar las regiones del sufrimiento y experimentar la gloria del cese del sufrimiento.

Tanto la crucifixión como la resurrección son poderes extraordinarios en acción en nuestra vida, al igual que lo fueron en la de Jesús. Son realidades psíquicas, la comprensión que nos permite entender más a fondo nuestra propia vida. Gracias a esta comprensión aprendemos a manejar con más sabiduría nuestra vivencia del mundo. No sentir nuestro propio sufrimiento es negar la crucifixión, y no dejar de aferrarnos a él es negar la resurrección. Aunque tal vez hayamos caído a plomo, volveremos a elevarnos a nuevas alturas.

La Pascua

La Pascua es el símbolo de la resurrección, el máximo logro de la mente que perdona. Representa el triunfo del amor y el potencial curativo de cada momento. Una razón para tener esperanzas cuando todo parece estar perdido, el potencial de la luz que existe incluso en la mayor oscuridad, y la posibilidad de un nuevo comienzo que parece imposible cuando todo se ha torcido.

Como principio, la resurrección no requiere que la aceptemos para existir. Pero, como realidad práctica, requiere nuestra disposición a que se manifieste. Estar abiertos a las posibilidades infinitas —aceptar que puede haber otro modo, que un milagro es posible— hace que los milagros ocurran en nuestra vida. En cuanto dejamos que penetre en nuestra conciencia el pensamiento de unas posibilidades infinitas, estas están a nuestro alcance.

Cuando partes de nosotros han muerto —a la esperanza, al crecimiento, a la creatividad—, Dios hace que nuestro ser crucificado se renueve con una vida nueva, restablece el orden cósmico en situaciones en las que incluso llegó a reinar el caos más horrendo.

El sufrimiento humano es inevitable en un mundo impregnado de ilusiones y miedo, pero el poder del perdón nos permite transformarlo. Con cada oración, cada momento de fe, cada acto de misericordia, cada acto de arrepentimiento, cada intento de perdonar, vamos trascendiendo con el tiempo el sufrimiento. Muere la persona que éramos y renace la que estamos destinados a ser, nos elevamos por encima de la oscuridad, la ignorancia y la muerte.

Todos pasamos por este proceso, cada uno tenemos nuestras propias crucifixiones en la vida, nuestras batallas, pruebas y tribulaciones. Pero también tenemos el potencial para la resurrección, el Dios que vive en nuestro interior nos saca de la oscuridad y nos lleva a la luz. La resurrección, la salvación y la iluminación son lo mismo.

Tres días después de ser crucificado, las mujeres más cercanas a Jesús fueron a la tumba a recuperar su cuerpo, pero no lo encontraron. Dos ángeles aparecieron de súbito y les dijeron: «¿Por qué buscáis entre los muertos al que vive? No está aquí; ha resucitado» (Lucas 24:5-6).

¿Qué significa esto desde una perspectiva metafísica? Significa que, cuando hemos sobrevivido a una crisis personal y adquirido un mayor entendimiento, la parte de nuestra personalidad crucificada por la situación deja de existir. Dios neutraliza los efectos de lo que nos ha hecho llorar. No solo «superamos» nuestros problemas, además somos «salvados» de ellos.

La anunciación de los ángeles sobre que el cuerpo exánime de Jesús no existía, sobre la ascensión a los cielos del Cristo crucificado, significa que los aspectos de nosotros mismos que nos sabotean, o que eran víctimas del sabotaje de otros, dejan de manifestarse en nuestra personalidad. Los hábitos neuróticos, la amargura y la desesperación; cuando Dios nos sana, esta clase de aspectos se transmutan en quienes somos ahora. Dejamos de estar atenazados por el miedo, cegados por el ego y clavados en la cruz de nuestra «crucifixión». «¡Aleluya!» es entonces una demostración de júbilo que se nos queda corta.

Al comprender las cosas de otra manera, nos renovamos. No solo mejoramos, también *cambiamos*. Este proceso es un despertar y un viaje a la vez, dejamos atrás el tormento de enfrentarnos a nuestros propios demonios y alcanzamos la luz de haberlos derrotado.

Los beneficios del viaje son acumulativos. Nos volvemos diferentes por lo que hemos pasado. Nos volvemos más sabios, nobles, humildes y conscientes. Más sosegados y abiertos a los milagros de la vida. La tarea más sagrada de todas es encontrar esta plenitud interior, donde las partes rotas de nuestro ser convergen en el perdón y el amor. Tal es el milagro de la redención: la transformación y el renacimiento personal.

Jesús como salvador

Al ser «salvado» de la dinámica del ego, Jesús desempeña ahora el papel de salvador de quienes siguen confundidos por ella. Es alguien que, como ha trascendido las ilusiones de su propia mente, ha sido autorizado por Dios a ayudar a cualquiera que recurra a él para alcanzar la misma hazaña. La interpretación propia del ego derivada del miedo sobre la historia de Jesús ha sido una de las grandes ironías trágicas del mundo. Como se indica en *Un curso de milagros*: «Se han hecho amargos ídolos de aquel que solo quiere ser un hermano para el mundo». Damos fe del poder de Jesús en nuestra vida demostrando su amor, y damos fe de su resurrección viviéndola.

Seguir a Jesús significa *amar y ser amado*, ya que el amor incondicional es nuestra sola y única salvación. Enseñarlo es demostrarlo. Jesús no nos pide que seamos mártires por él, nos pide que seamos maestros, que demostremos la curación que tiene lugar cuando la mente recupera su plenitud en Dios. Cuando dijo a sus discípulos: «Id, pues, enseñad a todas las gentes» no se refería a «Id por el mundo y golpead a todos en la cabeza con el Evangelio», sino a «Id por el mundo y *sed amor*». Es lo mismo que animarnos a ir por el mundo haciendo milagros, porque, cuando pensamos con amor, ocurren los milagros de manera natural. Cualquiera que ame el mundo es un salvador del mundo.

Todos los caminos espirituales genuinos son caminos de salvación espiritual en cuanto a que sanan la mente. La salvación es aprender a pensar como Dios piensa. Como Jesús alcanzó la conciencia de lo divino, ahora tiene el poder, si se lo pedimos, de hacer que nuestras vibraciones se eleven a la frecuencia de esa conciencia. Cuando la mente está llena de luz, no hay oscuridad. Cuando la mente se une a la de Cristo, el ego no existe.

En la actualidad está de moda decir simplemente: «¡Cambia tu manera de pensar!» Pero este cambio no siempre es fácil, y cuesta más aún en los momentos deprimentes. No podemos analizar simplemente nuestra depresión y esperar a que desaparezca. Hay momentos en los que necesitamos un milagro para superar nuestras lágrimas. Que nos ayuden a sentir algo que sabemos de forma abstracta. Jesús es una de las fuerzas que puede liberarnos del miedo y llevarnos a los brazos del amor.

La mente divina

La *mente* del Buda despertó bajo el árbol Bodhi (higuera). La *mente* de Moisés canalizó el poder de Dios para separar las aguas del mar Rojo. Y la *mente* de Jesús canalizó el poder de Dios. La mente que no fluye con Dios es la causa del sufrimiento, la mente que fluye con Dios es la causa del cese del sufrimiento.

Dos hombres fueron crucificados con Jesús, uno a su izquierda y otro a su derecha. Pero no resucitaron. ¿Por qué? Porque sus mentes, en teoría, no estaban iluminadas. Jesús no habló con odio de sus acusadores ni culpó a los que le rodeaban. Amaba incluso a quienes le odiaban. Su mente estaba en sintonía con tal pureza con el Espíritu de Dios de bondad infinita que recibió el poder de Dios. Él es la «luz del mundo», porque es la luz en el interior de nuestra mente.

Jesús es la puerta de entrada, como lo son todos los grandes sistemas espirituales. Son puertas que dan a un campo de un amor y un poder inefables. Pero la entrada no es nada si no la cruzamos. Nuestra aspiración como buscadores espirituales es a elevar nuestra conciencia tan cerca de la de Dios que nos convirtamos en amos y no en esclavos del mundo terrenal, como el monje budista que desafió serenamente al señor feudal, como Moisés separando las aguas del mar Rojo y como Jesús resucitando de entre los muertos.

Para el que sufre, esto no es una cuestión de teología o de metafísica, sino de sobrevivir a la experiencia. Sea como sea que se llame la puerta que cruzamos para reunirnos con Dios, lo primordial es abrirla. No hay palabras más poderosas que estas: «Dios mío, he decidido entrar en Ti. Entra en mí, te lo ruego. Amén».

El milagro es que Dios entrará en ti, porque Él ya está dentro. Y cuando decimos estas palabras nos impacta ver la luz que hay en Él y en nosotros. Y nuestro asombro se troca en alegría, nuestras lágrimas se convierten en triunfo, y recuperamos al fin la paz.

He sido testigo de un sufrimiento enorme a lo largo de mi vida. He visto y vivido el dolor de un corazón roto. Pero también he visto —en la vida de los demás y en la mía— la oscuridad más espesa transformarse en luz. He visto una mirada llena de esperanza en quienes la habían perdido. He vislumbrado cómo funciona el universo. He visto la gloria de Dios. Doy fe de la resurrección. En mi corazón sé que existe.

12
El poder de las lágrimas

Ningún libro, sesión curativa o ceremonia religiosa detendrá nuestras lágrimas. La medicina espiritual que disipa la tristeza no es una pastilla o una inyección, es el proceso interior de despertar de un sueño que tomamos por real. Dado que la cultura moderna se basa en pensamientos que nos separan de los demás, en los que nos menospreciamos incluso a nosotros mismos y que alimentan el miedo hacia todo el mundo y hacia todo, no es de extrañar que tantas personas se sientan como si vivieran bajo un gran nubarrón.

Tu yo verdadero sabe que eres uno con el universo, un ser creado a imagen y semejanza de Dios, eternamente inocente, bendecido y protegido, y que has venido a este mundo para amar y perdonar. Este yo verdadero, lo llamemos como lo llamemos, está oculto bajo capas de ilusiones. A estas alturas, el yo verdadero está tan acostumbrado a vivir agachado en la jaula que el ego le ha asignado, que es como si se hubiera olvidado de cómo alzarse glorioso. Carecemos del conjunto de habilidades psicológicas que nos llevan a la alegría.

Cultivamos más los hábitos emocionales de la tristeza que los de la felicidad. Nos han enseñado hasta tal punto a tener pensamientos temerosos y agresivos que los músculos mentales que apoyan nuestra alegría se han encogido.

Y aprender a desarrollar este tipo de musculatura depende de cada uno, al igual que aprender a desarrollar la del cuerpo. Solemos responsabilizarnos de muchas cosas de nuestra vida, pero no de nuestras emociones. A decir verdad, la felicidad viene de la decisión que tomemos. Tal vez hoy no seamos felices, pero a medida que desarrollemos los músculos de la felicidad encontraremos la fuerza interior para recuperarla.

Buena parte de la gente afronta las crisis con la misma actitud con la que se mueve por la vida. Si siempre creo que estoy a merced de las situaciones cambiantes y achaco mi infelicidad a los demás o a las circunstancias, siempre acabaré llorando cuando las personas o las circunstancias no coincidan con mis deseos. Me sentiré inclinado a guardarles rencor, y esta actitud solo me hará sufrir más.

Mi mente es la fuente de mi tristeza. Y también de mi felicidad. Solo puedo elegir cómo usar la mente, pero, decida como decida usarla, determinará si estoy fomentando en mí el sufrimiento o la paz interior.

Un día estaba en una tienda de regalos del aeropuerto hojeando revistas de moda. Mientras admiraba las preciosas fotografías, advertí que a cada página me sentía cada vez peor sobre mi aspecto. Mi cara. Mi cuerpo. Mi edad. Mi ropa. ¡Y entonces vi que estaba a punto de dejarme llevar por el mensaje que me transmitía! La dejé al instante como si me quemara los dedos, pensando: «¿Por qué iba a hacerme eso a mí misma?» Me di cuenta de que esa experiencia me hacía sentir mal y que si seguía por ese camino solo me sentiría peor aún. Lo cual no significa que este tipo de revistas no tengan su función en la vida, pero para mí, en ese día en especial, no la tenían.

¿Y acaso no nos lo hacemos constantemente? Estamos tan impregnados de una mezcla moderna de percepciones carentes de amor, que tendemos a creer que no tenemos elección. Y en ese momento es cuando empieza el despertar. Sí que hay una opción. Siempre la tenemos.

Decidir ser felices

Desde el óctuple sendero del Buda y los Diez Mandamientos hasta el *Libro de ejercicios* de *Un curso de milagros,* cualquier enseñanza espiritual importante implica más de una receta para sentirnos bien. La iluminación es una labor seria.

Para sobrevivir y progresar, la humanidad debe abandonar la visión falsa del mundo que toma por real. La espiritualidad es ver con claridad que los sentidos físicos nos mienten, que el tiempo no es lo que parece y que el universo es más maleable de lo que creemos. Al principio todo esto nos choca mucho, pero al final nos produce una alegría inmensa. Aunque de entrada nos desconcierte saber que no somos quienes creíamos ser y que el mundo no es lo que creíamos que era, en cuanto captamos lo que significa, sentimos un alivio tremendo.

Esta revelación —dejar este punto de vista limitado y abrirnos a los milagros— significa la muerte del ego. Pero, como el faraón respondiendo a la exigencia de Moisés de liberar a los israelitas de la esclavitud, el ego exclama: «¡Alto ahí! ¡Espera!» Un momento sin ego no suele llevar a más momentos similares, sino a un momento de pánico. El ego salta poniéndose a la defensiva. No tolerará un exceso de amor, y un exceso de perdón tampoco funcionará.

A veces nos aferramos con uñas y dientes a nuestro sufrimiento. Después de todo, el dolor es, para el ego, el no va más. En cierto sentido, hemos creado la predisposición a lo que la escritora Caroline Myss llama «heridología». En nuestra sociedad recibimos más apoyo por nuestras heridas que por nuestras curaciones. La gente se muestra más afectuosa cuando compartimos nuestras penas que cuando compartimos nuestras alegrías.

Es todo un arte emocional aceptar el sufrimiento teniendo al mismo tiempo la certeza de que acabará por desaparecer. Y esta certeza no solo emana de la fe en Dios, también emana de creer en uno mismo. Debemos hablar en nuestra cabeza de la misma forma que le hablamos a nuestros hijos: «… *porque lo digo yo*». Sobreviviré a la situación porque *he elegido* sobrevivir. Cruzar un valle oscuro con Dios a nuestro lado no tiene nada que ver con una caída infernal a un abismo sin fondo. Un abismo sin fondo no es de Dios, y si alguna vez te descubres cayendo en uno, echa mano de cualquier herramienta que se te ocurra. Exclamar «¡Satanás aléjate de mí!» funciona. Al igual que imaginar que ahuyentas un vampiro con un crucifijo. O que imploras, cayendo de rodillas: «¡Ayúdame, Señor, te lo ruego!»

Porque *debes* levantarte. Te necesitamos en este mundo. Tus hijos o tu pareja te necesitan. Y, si no tienes a nadie, el mundo te necesita de todos modos. Tú, como todo el mundo, eres un hijo de Dios muy valioso, y si decides largarte dejarás un gran vacío en el universo. Tal vez no seas consciente de tus virtudes, pero las llevas dentro porque Dios las puso ahí. Quizá no veas un futuro, pero existe en la Mente de Dios. A lo mejor no te imaginas volviendo a ser feliz, pero lo serás porque Dios ha escuchado tu plegaria y te ha reservado unos milagros.

El ego te atormenta, como nos atormenta a todos. Pero es un farsante y lo que te dice no es cierto. No eres un inútil, un tarado, un fracasado, un perdedor o un problema ambulante. Mientras estés vivo, e incluso después, eres infinitamente valioso. Eres la creación eternamente inocente de Dios, piensen lo que piensen de ti, independientemente de lo que te hayan hecho, de tus errores o de cualquier fracaso tuyo. Dios te elevará tan alto como tan bajo creas haber caído. Con un quiebro de muñeca, te recogerá dulcemente con las manos ahuecadas y te llevará a lo más alto.

Y lo hará por Su propio bien. No por ser tú una buena persona, lo seas o no, sino porque es lo que hace el amor, porque no puede darle la espalda a Sus hijos aunque ellos Se la estén dando continuamente. Lo hará por Su creatividad y Su misericordia infinitas. Lo hará *porque*, además de amarte, *Él es amor*.

Y Su amor es inconmensurable. Que vivas acobardado bajo el peso de la fuerza monstruosa del ego no es lo que Dios desea para ti ni para nadie. El amor es el vencedor. La batalla ya está ganada. No necesitas luchar para triunfar, basta con aceptar que ya has ganado. El amor es lo único real, pese a la forma, la magnitud o la fuerza que la pesadilla alucinatoria haya adquirido ahora en tu vida.

Persevera, sé fuerte, ten fe hasta que llegue el mañana. Puesto que cualquier noche oscura ha estado siempre seguida del resplandor glorioso del nuevo día de Dios. Entrégate a Él y pídele que te ayude. Luego levántate, lávate la cara, sécate las lágrimas y échale una mano a alguien, a una persona que esté pasando una mala racha, quizás incluso peor que la tuya, sigue adelante tal como eres. Volcar tu compasión en su debilidad te dará fuerza.

Ninguno de nosotros sabemos el tormento que cualquier persona puede estar viviendo por dentro por más fuerte que aparente ser. Pero es razonable suponer que, por más que hayamos sufrido, quienquiera que esté a nuestra izquierda y a nuestra derecha han sufrido tanto como nosotros. Un río profundo de dolor corre invisible por la conciencia colectiva humana, porque todos nos debatimos ferozmente para sobrevivir en un mundo que se niega a vernos, a oírnos o a amarnos como desearíamos ser vistos, oídos y amados.

Sentirte así no quiere decir que seas un bicho raro, sino que te hace humano. Significa que sientes el dolor exquisito de ser un extraño en una tierra desconocida, y que has llegado a la conclusión extraordinaria de que el mundo material no es tu hogar. Es lógico que no puedas soportarlo. Lo importante es ver que esto no es el final, sino el principio. Tú no perteneces a este mundo, pero en los brazos de Dios te sientes como en casa.

Él te ha enviado aquí para que reclames en este plano de existencia la luz que es la esencia de todo. Hace mucho que la tierra nos ha tomado como rehenes, la raza humana está aprisionada en este mundo en su propia mente, supuestamente limitada a los brevísimos momentos de alegría que el ego nos permite. Pero no estás aquí para estar atrapado en el mundo, estás aquí para liberarte.

¿Acaso tu sufrimiento no te ha ayudado de algún modo a ser más consciente de la fragilidad de la humanidad? ¿No ha aumentado tu compasión por los que avanzan a tu lado contigo? ¿No te ha preparado para una vida más larga?

Cuando recuerdes quién eres de verdad y el propósito glorioso por el que has venido a este mundo, volverás a ponerte de rodillas, pero esta vez no estarás desolado, sino agradecido, maravillado por la suerte y el privilegio del milagro de vivir esta vida. Le pedirás a Dios que te convierta en un lucero en los cielos oscuros del mundo que represente Su amor y refleje Su bondad para los que están llorando amargamente como tú has llorado. Tengas el problema que tengas, déjalo ahora en Sus manos. Él los manejará por ti a medida que te convierte en alguien que sabrá manejarlos por sí solo. Saldrás fortalecido de la experiencia y listo para hacer milagros en la vida de los demás como Dios los hizo en la tuya.

Dios secará con sus propias manos tus lágrimas y disipará cualquier duda. Al romper el alba apenas recordarás el sufrimiento de la noche anterior. Solo lo recordarás cuando sea provechoso, para que les des fuerza a los demás y ellos te la den a ti. Mira hacia delante y no hacia atrás. Mira la luz y no la oscuridad. Mira a Dios y no a cualquier persona o a cualquier cosa menos poderosa o pura que Él, pues solo Dios es Dios y solo Él puede hacer lo que tu ego afirma que es imposible: levántate del suelo cuan alto eres.

La oscuridad no tiene poder alguno ante la luz que brilla en tu corazón. Sé paciente. Date tiempo, si lo necesitas. Dios te devolverá no solo la vida que crees haber perdido, sino la que ni siquiera hubieras imaginado en tus sueños más descabellados. Al haber sufrido, saborearás la dulzura, el talento para ser feliz y la sed de paz. Serás un poseedor de la dulzura, la felicidad y la paz por tu propio bien, por el bien de Dios y por el bien del mundo.

Tales son las recompensas de seguir adelante y confiar en el Altísimo. Pues Dios es bondad. Dios es grandeza. Y Dios es verdad.

Amén.

Agradecimientos

Escribir este libro no ha sido fácil. Ha resultado una tarea estimulante y complicada a la vez.

Mientras lo creaba me he sentido muy apoyada, y se lo agradezco enormemente a las personas que analizaron lo que escribía, los capítulos y los temas que exponía casi con tanta entrega como yo. Sin su ayuda, este libro no habría salido a la luz.

Cindy DiTiberio, Liana Gergely, India Williamson y Wendy Zahler derrocharon esfuerzos en el proceso de la edición. Cada una estuvo a mi lado arrimando el hombro cuando lo necesitaba, como ángeles elevándome, animándome e incluso dándome un empujoncito para que rematara una frase.

Le estoy agradecida a Mickey Maudlin por darme la oportunidad de escribir el libro y confiar en que tenía algo valioso en mente cuando le propuse la idea. Como de costumbre, es un honor trabajar bajo su supervisión y guía.

Doy también las gracias a Ellis Levine por su excelente asesoramiento literario y su apoyo, a Tammy Vogsland por mantener mi mundo material en pie y a Laurie DiBenedetto, Crista Hope, Catherine Roberts y Tammy Brenizer por hacer que todo siguiera funcionando con normalidad para que me pudiera dedicar a lo que me dedico.

Les agradezco a Katie Piel, Alex Yerik, Irene Csara y Mike Burns su valiosa ayuda.

Gracias al equipo maravilloso de la editorial HarperOne por vuestra paciencia y gran profesionalidad: Lisa Zuniga, Anna Paustenbach, Melinda Mullin, Terri Leonard, Laura Lind y Jessie Dolch.

Doy las gracias a Frances Fisher, David Kessler, Victoria Pearman, Candace Block, Alana Stewart, Stacie Maier, Alyse Martinelli y Lane Bowes por los vínculos que mantengo con vosotros y los tesoros de vuestra amistad.

También agradezco la bondad de Ora Nadrich, Ben Decker, Jamie Adler, Katherine Woodward Thomas, Lawrence Koh, Jonathan Duga y Tara Margolin. No lo olvidaré nunca.

Gracias de nuevo a India, mi hija, que es, además, mi mejor amiga, mi editora a tiempo parcial, mi supervisora empresarial y mi mayor bendición y alegría. No hay madre más orgullosa de su hija o más agradecida. Te amo con locura.

No tengo más que elogios para las numerosas personas que se portaron de maravilla conmigo durante algunos cambios que viví en mi vida los últimos años. Su apoyo, amistad y generosidad son regalos invalorables. Nunca podré transmitir con palabras hasta qué punto se lo agradezco. Espero que con este libro haya expresado algunas de las lecciones que aprendí.

Gracias a todos los lectores que han leído mis libros, han asistido a mis conferencias, me han ayudado en mis talleres o han compartido de algún modo su historia conmigo. Os llevo a cada uno en el corazón, os lo digo de verdad.

ECOSISTEMA DIGITAL

NUESTRO PUNTO DE ENCUENTRO

www.edicionesurano.com

2 AMABOOK
Disfruta de tu rincón de lectura y accede a todas nuestras **novedades** en modo compra.
www.amabook.com

3 SUSCRIBOOKS
El límite lo pones tú, **lectura sin freno**, en modo suscripción.
www.suscribooks.com

DISFRUTA DE 1 MES DE LECTURA GRATIS

1 REDES SOCIALES:
Amplio abanico de redes para que **participes activamente**.

4 APPS Y DESCARGAS
Apps que te permitirán leer e **interactuar con otros lectores**.